Jodock

Berlin in 3 Tagen

Die besten Touren zum Entdecken der Stadt

Jaron

Im Buch verwendete Zeichen:

- 📷 Sehenswürdigkeit
- 📖 Kulturelle Einrichtung
- 🍷 Gastronomie
- 🔲 Laden

Originalausgabe
2. Auflage 2001
© 2000, 2001 Jaron Verlag GmbH, Berlin
Umschlaggestaltung: Maria Herrlich, Berlin, unter Verwendung
von Fotos von Günter Schneider
Karten: Edition Gauglitz, Berlin
Satz: LVD GmbH, Berlin
Druck und Bindung: Clausen & Bosse, Leck
ISBN 3-89773-102-9

Inhalt

„Berlin ist viele Städte"

Wege durch das Dickicht:
Das Wesentliche sehen – auch in nur wenigen Tagen

Zahlreiche Berlin-Besucher haben nur wenige Tage Zeit, die Stadt zu erkunden. Doch schon bald merken sie, dass es unglaublich viel zu entdecken gibt. Dieses Buch hilft, die Tage in der deutschen Hauptstadt so zu gestalten, dass man das wirklich Sehenswerte – neben den berühmten Wahrzeichen der Stadt auch ihre weniger spektakulären, doch nicht minder interessanten Besonderheiten – auch tatsächlich sieht.

Mit genau beschriebenen Spazierrouten und detaillierten Informationen schlägt der Band eine Schneise durch das Dickicht der zahlreichen Stadtquartiere, Sehenswürdigkeiten und unüberschaubar vielen Restaurants sowie Geschäftsstraßen. Denn zum intensiven Erleben einer Stadt gehören natürlich auch das Bummeln, die Entspannung in netten Cafés, der Besuch von kulturellen Veranstaltungen sowie kulinarische Entdeckungen.

Der Vielfalt dieser Metropole während einer Reise oder in ersten Schritten als Neu-Berliner näher zu kommen – dazu lädt dieses Buch ein. Die präzisen und nach Besuchstagen sowie Regionen geordneten Vorschläge zur Erkundung Berlins ergeben insgesamt eine umfassende und vielseitige Stadtführung, die leicht zu variieren ist – entsprechend den ganz persönlichen Vorlieben. Nicht nur die verschiedenen Facetten des Innenstadtbereichs, sondern auch Potsdam sowie zwei der vielen Städte in der Stadt, Charlottenburg und Köpenick, finden Beachtung, so dass hier auch für längere oder wiederholte Aufenthalte immer Neues geboten wird.

Berlin ist am besten mit dem öffentlichen Nahverkehr und zu Fuß zu erkunden. Entsprechend beginnen und enden die beschriebenen Spaziergänge an S- oder U-Bahnhöfen. Die praktischen Informationen zum öffentlichen Nahverkehr sowie zum Erwerb von Eintrittskarten für kulturelle Veranstaltungen finden sich ebenso wie das Register und die wichtigsten Adressen im Anhang.

In jedem Fall lohnen sich der Kauf eines Stadtmagazins, zum Beispiel „tip"oder „Zitty", die Inanspruchnahme der angebotenen (Mehr-)Tageskarten des ÖPNV, die Mitnahme eines Linienplans des Schnellbahnnetzes – kostenfrei in den U- und S-Bahnstationen erhältlich – und eines Stadtplanes als Ergänzung zu den Karten im Buch. Und natürlich ist gutes Schuhwerk angeraten, denn Pflastertreten gehört zu den anspruchsvollen Sportarten!

Solchermaßen ausgerüstet, kann es losgehen. Wir wünschen Ihnen viel Freude beim Entdecken dieser Stadt!

Berlin – ein Überblick

Die Metropole ist nicht einfach auf den Punkt zu bringen. „Berlin ist viele Städte", formulierte der Architekt Werner Düttmann. Die ehemaligen Altstadtbereiche bekamen nach den Kriegszerstörungen ein radikal neues Gesicht, und jeder der 12 Bezirke bietet mindestens ein Zentrum mit Rathaus und Einkaufsstraße, meist jedoch mehrere, denn erst seit der Bezirksreform vom 1.1.2001 wurden die zuvor 23 Bezirke auf 12 Großbezirke reduziert.

Die unterschiedliche Entwicklung in Ost und West ist noch erlebbar. Zwischen viel Grün und Wasser, repräsentativen Hauptstadtachsen und dem Kiez – dem überschaubaren Wohnviertel –, zwischen eleganten Villen und grauen Hinterhöfen gibt es scheinbar wenig Gemeinsames. Und doch bildet alles zusammen Berlin, mehr noch: Erst in der Summe der „vielen Städte" entfaltet Berlin seine Einzigartigkeit.

Berlin hat auch Platz für „viele Städte". In Nord-Süd-Ausdehnung fährt man 38 Kilometer hindurch, 45 Kilometer beträgt sogar die maximale Ost-West-Breite. In der größten Stadt zwischen Paris und Moskau leben 3,5 Millionen Einwohner und Einwohnerinnen, also eine Million weniger als vor dem Zweiten Weltkrieg.

Berlin entstand am Unterlauf der Spree. Dieser 400 Kilometer lange Fluss mündet in Spandau, heute Teil von Berlin, in die Havel. Bekannteste Havelausbuchtung ist der Wannsee; der größte Berliner See ist der Müggelsee im Südosten Berlins. Insgesamt besteht ein Drittel des Stadtgebietes aus Wald und Wasser, Berlin gehört zu den grünsten europäischen Hauptstädten. Die Lage in einer dünn besiedelten Umgebung, zwischen Wald, Flüssen und Seen unterscheidet die Stadt erheblich von vergleichbaren Metropolen.

Den Norden des ursprünglich sumpfigen Urstromtales der Spree begrenzt die trockene Hochfläche Barnim, zu der der Prenzlauer Berg gehört. Im Süden dagegen gehört der Kreuzberg zur Hochfläche des Teltow. Die eiszeitlich geprägte Landschaft besteht vor allem aus kargem Sandboden, in den Niederungen aus Feuchtgebieten. In Bodenrinnen sammelt sich Wasser zu Seen. Die längste dieser Rinnen im Stadtgebiet erstreckt sich vom Lietzensee über Halen- und Grunewaldsee zum Schlachten- und Nikolassee.

Es ist Folge seiner besonderen Geschichte, dass Berlin sich nicht zu einem ins Umland wuchernden Zehn-Millionen-Einwohner-Moloch wie Paris oder London entwickelt hat. Vor dem Krieg hatten diese drei Städte jeweils über vier Millionen Einwohner. Berlin war der Fläche nach die größte Stadt der Welt. Durch Krieg und Teilung sank die Zahl der Berliner und Berlinerinnen, während Paris und London eine „normale" Entwicklung vollzogen, die kein Berliner ernsthaft vermisst. Zehn Millionen Menschen sind doch etwas viel, die dreieinhalb Millionen Berliner und Berlinerinnen hat man hingegen schnell (fast) alle persönlich kennen gelernt.

Die zentralistische Rolle, die andere Hauptstädte wie Paris oder Moskau innehaben und die Ost-Berlin zu DDR-Zeiten ausfüllte, wird Berlin im Bundesstaat Deutschland auch in Zukunft nicht spielen; die Stadt ist jedoch wieder gesamtdeutsche Metropole.

In der Geschichte hat Berlin schon viele Rollen gespielt. Es begann mit einer bürgerlich-mittelalterlichen Kaufmannsstadt, gegründet im zwölften Jahrhundert. Die – an städtische Freiheiten gewöhnten – ansässigen Patrizierfamilien wollten, aber konnten nicht verhindern, dass Berlin ab 1486 ständige Residenzstadt des brandenburgischen Kurfürsten wurde. Diese über 500 Jahre währende Berliner Hauptstadterfahrung wurde wesentlich durch die Landesherren aus der Familie Hohenzollern geprägt. Es war diese Dynastie, die von brandenburgischen Kurfürsten zu preußischen Königen und schließlich zu deutschen Kaisern aufstieg. Und Berlin stieg mit auf, bis es schließlich 1871 deutsche Hauptstadt wurde.

Das geschah in der Gründerzeit, einer Epoche dynamischer und rasanter Entwicklungen auf den meisten Gebieten. Berlin als neue Hauptstadt einer „späten" Nation, die im Gegensatz etwa zu Frankreich und England erst 1871 einen Nationalstaat gründete, erlebte die Zeit bis 1918 in besonderer Beschleunigung. Allein nach 1900 stieg die Bevölkerungszahl in nur zehn Jahren um eine Million Menschen auf über 3,7 Millionen Einwohner. Damit musste die Stadt alle 24 Stunden über 270 neue Einwohner unterbringen, versorgen, transportieren und in Lohn und Brot bringen.

In fast allen Lebensbereichen wurden in Berlin Maßstäbe gesetzt und Erfindungen gemacht. Vom ersten elektrischen Zug der Welt bis zur Entdeckung der Bakterie: Von Berlin aus wurde die Welt mitverändert.

Nach dem Ersten Weltkrieg hatte die erste deutsche Republik zwischen dem Ende der Inflation 1924 und der Weltwirtschaftskrise 1929 nur fünf Jahre, um gerade in der Reichshauptstadt für die Demokratie Ehre einzulegen. Zehntausende von modernen Wohnungen entstanden, Volksparks, Häfen, U-Bahnen wurden gebaut, die S-Bahn elektrifiziert und ausgebaut, das erste sexualwissenschaftliche Institut der Welt bemühte sich um Aufklärung, Berliner Mode und Kunst hatten Weltruf. Die Goldenen Zwanziger waren ein brodelnder Tanz auf dem Vulkan, der 1933 ausbrach und Berlin als rauchende Trümmerwüste hinterließ.

Die um 170 000 jüdische Berliner beraubte Stadt hat sich von den Schlägen der nationalsozialistischen Ära nie ganz erholt. „Berlin bleibt doch Berlin" war auch ein Trotzspruch der Überlebenden. Im Jahre 2001 hat Berlin immer noch eine Million weniger Einwohner als 1939. Und doch entwickelte sich Berlin, da es nun nicht mehr so schön war, zu einer der interessantesten Städte weltweit. Das begann mit der Aufteilung der Stadt in vier Sektoren. In Berlin wurden die Gewichte der Weltpolitik durch die aus westlicher Sicht erfolgreiche Luftbrücke 1948/1949 für alle sichtbar verschoben. Die Teilung der Welt nach 1945 wurde nirgends so brutal deutlich wie in der seit 1961 durch das Monstrum „Mauer" geteilten Stadt. Berlin war die Stadt des Kalten Krieges schlechthin. Und gerade hier spürte man die Erwärmung des politischen Klimas nach 1970 besonders intensiv. Mit West-Berlin entstand eine kapitalistische Mauer-Insel im Sozialismus. Nur hier gab es „behelfsmäßige" Personalausweise, nur hier fuhren westliche Bahnen unter einer real existierenden Ost-Hauptstadt hindurch. Mit der Wiedervereinigung fand diese skurrile Situation ihr Ende.

Das zusammenwachsende Berlin gebar unter anderem die größte Baustelle Europas, um am Potsdamer Platz zusammenzufinden. Die Reichstagsverhüllung der Künstler Christo und Jeanne-Claude besetzte zur rechten Zeit einen Ort neu, der nun mit öffentlich zugänglicher Kuppel als Bundestag in Berlin Menschen von überall her anzieht.

Berlin zur Zeit der Jahrtausendwende ist eine Stadt, in der jährlich über 20 Milliarden Mark verbaut werden, ein einzigartiges Geschichtsmuseum voll – zum Teil noch staubiger und lärmender – Gegenwart.

Nur in Berlin kann man eine kapitalistisch geprägte West-City am Zoo mit einem sozialistischen Hauptstadtzentrum am Alexanderplatz vergleichen.

Zugleich ist diese Stadt eine gigantische Bauausstellung der Architektur des zwanzigsten Jahrhunderts, in der Kaiser-Stuck und reinste Moderne, nationalsozialistische Klobigkeit und Fünfziger-Jahre-Schick neben Stalin-Pomp und verspielter Postmoderne sich zu den Bauten der Gegenwart gesellen.

Doch bei alldem lebt die Stadt durch ihre Menschen, deren Vorfahren aus dem Rheinland, dem Harz, aus der Pfalz und Schwaben, aus Sachsen und den Niederlanden, aus Frankreich, Böhmen, Ostpreußen, Schlesien, Polen oder der Türkei kamen. Noch immer findet man Ecken, an denen die Zeit stehen geblieben zu sein scheint und wo die Menschen quatschen, wie ihnen ihr Berliner Schnabel gewachsen ist.

Zugleich ist die Stadt zu Beginn des einundzwanzigsten Jahrhunderts wieder im Aufbruch. Nach dem radikalen Verlust von Hunderttausenden von Industriearbeitsplätzen nach 1990 erstmals kein „Arbeiterkind", keine proletarische Stadt mehr, ist Berlin nun dabei, seine Rolle als Hauptstadt zu finden, und beim Zusammenwachsen der beiden Stadthälften bricht viel Buntes und Neues hervor. Für viele Bundesbürger ist die Stadt das, was Pe Werner einst in ihrem Lied „Berlin" benannte: Berlin sei ein „deutsches Affenzirkuspferd". Die Stadt, die trabt und wiehert, die Stadt des großen Tamtam und der Exoten, der Sehnsüchte und der Ängste.

Berlin will mit kritischer Sympathie und etwas Einfühlung entdeckt werden. Dazu sind Sie nun eingeladen!

1. Tag: Ab durch Mitte

Vormittag:
Wo Berlin entstand – Nikolaiviertel bis Gendarmenmarkt

Wo soll man beginnen in einer Stadt mit mehreren Zentren? Dort wo alles seinen Anfang nahm! Am U-Bahnhof Märkisches Museum (U-Bahnlinie 2) nimmt unsere erste Stadterkundung ihren Ausgang. Im Bahnhof zeigen Darstellungen an den Wänden die Entwicklung Berlins bis zu den achtziger Jahren, als Berlin noch geteilt war. Unser Spaziergang beginnt im Bezirk Mitte, hier im ehemaligen sowjetischen Sektor Berlins.

Wenn man den Bahnhof Richtung Inselstraße verlässt, erreicht man die Wallstraße. Über diese gelangt man vorbei an der Brasilianischen Botschaft und dem Heinrich-Zille-Denkmal zum Köllnischen Park. Dort erhebt sich rechts mit dem **Märkischen Museum** ein kunstvoller Hinweis auf die „Mutter" Berlins, die umgebende Mark Brandenburg. Das bis 1911 unter Ludwig Hoffmann entstandene Museum ist mit seinen Bauteilen zugleich selbst Ausstellungsstück. Zitiert wird unter anderem das gotische Maßwerk der Katharinenkirche in der Wiege der Mark, der Stadt Brandenburg an der Havel. Außerdem sieht man den nachgebauten Bergfried der Bischofsburg von Wittstock und ein Renaissance-Rathaus.

Die dreieckige Form des Köllnischen Parkes weist auf die früher an dieser Stelle gelegene Bastion der barocken Berliner Wallanlagen hin. Im Park findet sich mit dem „Wusterhausischen Bären" ein kleiner ziegelroter Turm, der hier als letzter baulicher Rest von den Festungswällen des holländischen Baumeisters Memhardt kündet und einst der Wasserregulierung des Festungsgrabens diente.

Zudem wartet im Park auch das Berliner Wappentier, der Bär, in einem Zwinger auf Besuch. Die ersten Bären kamen als Geschenk der Stadt Bern 1937 zum 700-jährigen Stadtjubiläum hierher und wurden in diesem ehemaligen Depot der Stadtreinigung untergebracht. Der Name Berlin hat übrigens entgegen anders lautenden Gerüchten nichts mit Bären zu tun, sondern ist wahrscheinlich slawischen Ursprungs. Die Deutungen des Namens sind zahlreich und reichen von einem „trockenen Stück Land in einer wasserreichen Umgegend" bis zur „lehmigen, sumpfigen Wildnis".

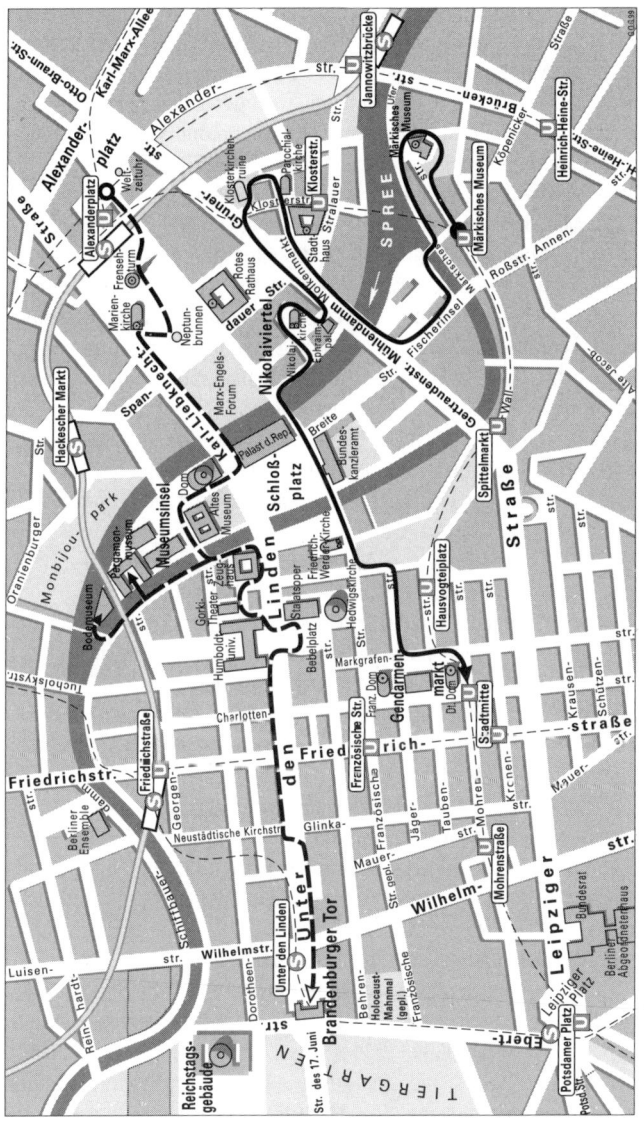

Den Museumseingang im Rücken, führt der Weg weiter jenseits der
Wallstraße zum Märkischen Ufer mit dem **Historischen Hafen**. Von hier
aus ist die Mühlendammschleuse zu sehen. Jenseits der Spree entstand
an dieser Stelle um 1200 die Stadt Berlin; auf der anderen Seite der Insel-
brücke die Berliner Zwillingsstadt Cölln. Sie befand sich auf einer von
zwei Spreearmen gebildeten Insel. Hier auf ihrer Südspitze säumen die
Straße Fischerinsel Hochhäuser aus den sechziger Jahren.

Das Märkische Ufer ziert eine Reihe älterer Gebäude, darunter befindet sich mit der Hausnummer 10 das **Ermelerhaus**. Es ist nach jener Familie benannt, die das Gebäude von 1824 bis 1914 besaß. Das Haus ist
leicht an der hellen Fassade, 1806 entstanden, und dem Figurenschmuck
zu erkennen. Merkur, Symbol des Handels, und Justitia als Hoffnung auf
bürgerliches Recht krönen die Attika. Der Tabakfabrikant Neumann ließ
die Front des Ende des siebzehnten Jahrhunderts entstandenen Gebäudes derart gestalten. Zu DDR-Zeiten war es eines der feinsten Restaurants der Hauptstadt; auch heute kann man hier gut speisen. Im Keller
geht es etwas preiswerter zu; sommers lädt ein Schiff zum Umtrunk auf
dem Wasser. Bis 1966 stand das Ermelerhaus auf dem Grundstück Breite
Straße 11 in der Altstadt von Cölln. Bei dem radikalen Umbau des schwer
kriegszerstörten Bereiches wurden manche Gebäude kurzerhand um-
gesetzt. Nicht nur die Berliner sind mobil, auch ihre Häuser ziehen durch
die Gegend: das Ermelerhaus hierher, an die so genannte Friedrichsgracht,
die der Große Kurfürst im siebzehnten Jahrhundert nach holländischem
Vorbild gestalten ließ. Eine praktische (in Berlin unübliche) Straße zwischen Bebauung und Wasser erinnert an das Land, in dem Friedrich Wilhelm seine Lehrjahre verbrachte.

An der Roßstraßenbrücke angekommen, führt uns die Straße Fischer-
insel rechts weiter zur Kreuzung mit der Gertraudenstraße. Der Name
Fischerinsel verschleiert, dass die großen Plattenbauten samt Grün und
Parkplätzen den Grundriss eines der beiden mittelalterlichen Stadtkerne
Berlins überlagern.

Unweit der oben genannten Kreuzung erhob sich an der Stelle eines
heutigen Parkplatzes zur Brüderstraße hin die Petrikirche. Sie stellte den
Mittelpunkt jener trockenen Talsandinsel dar, auf der sich die Handels-
stadt Cölln im Spreesumpf entwickelte. Cölln wurde von Zuwanderern
aus dem Harzvorland und vom Niederrhein angelegt. Letztere brachten
wahrscheinlich den Namen der Stadt mit. Der Markgraf hatte sie zur

Kolonisierung der von Slawen besiedelten Grenzmark in das Land geholt. Man erkennt: Der bis heute anhaltende Zuzug von Rheinländern nach Berlin hat eine lange Tradition. Oder anders gesagt: Schon die ersten Berliner und Berlinerinnen kamen aus dem Rheinland.

Man verlässt Cölln rechter Hand über die moderne Mühlendammbrücke. Zuvor liegen links noch die im Herbst 1999 bezogenen Gebäude der Spitzenverbände der deutschen Wirtschaft, die von Köln am Rhein nach Cölln an die Spree zogen. Die Brücke befindet sich genau an der Stelle einer mittelalterlichen Spreefurt. Zur besseren Querung des Flusses entstand dann der Mühlendamm, der schließlich zur – später verlegten – Schleuse wurde.

Der Flussübergang war Ursache für die Gründung der Doppelstadt Berlin-Cölln und auch Grund für den wirtschaftlichen Aufstieg der Städte. Hier kreuzten sich die Handelswege von Stettin nach Leipzig und von Lübeck nach Görlitz. Durch den Bau eines mit Mühlen besetzten Damms zwang man die Schiffe zum Halten. Die Fracht musste nun auf andere Schiffe auf der gegenüberliegenden Dammseite umgeladen werden. Während des Umladens waren die Waren zum Verkauf auszulegen: Die so genannte Niederlage des Mittelalters beförderte die Wirtschaftsentwicklung von Berlin-Cölln nachhaltig. Hier am Mühlendamm wuchs eine der wichtigsten Siedlungen der Mark Brandenburg.

Links ist schon die Nikolaikirche zu sehen, doch zunächst führt uns unser Weg weiter zum Klosterviertel. Gleich hinter der Mühlendammbrücke arbeitet rechter Hand der älteste Berliner Gewerbebetrieb, die Berliner Münze. Sie wurde im Jahre 1280 durch Markgraf Otto IV. mit dem Pfeil gegründet. Hier am Neubau der Münze findet man die Kopie eines Wandfrieses des Bildhauers Johann Gottfried Schadow. Das Original schmückte einst die Alte Münze an der Werderstraße, dann die Neue Münze und wanderte schließlich ins Museum. Offensichtlich sind nicht nur die Berliner und ihre Häuser mobil, auch ihre Wandfriese lieben die räumliche Veränderung.

Vor der Zufahrt zur Münze (Molkenmarkt 1–3) säumt den Weg rechter Hand noch das **Palais Schwerin**, entstanden 1704 nach Plänen von Jean de Bodt. Es schließt sich ein kubistisch anmutender Neubau der Berliner Wasserbetriebe an.

Gegenüber erhebt sich die graue Masse des **Alten Stadthauses**. Der turmgeschmückte Bau wurde von Stadtbaurat Ludwig Hoffmann entworfen und diente ab 1911 als Erweiterungsbau des Roten Rathauses (links ist die Rückseite zu sehen) und später als Sitz des Ministerrates der DDR. Nach der Wiedervereinigung schlug man es Helmut Kohl als Bundeskanzleramt vor. Dieser lehnte dankend ab und zog einen Neubau im Tiergarten vor, wo der Regierung mehr Ruhe zu guten Gedanken bleibt. Nun muss sich der Innensenator dem Straßenlärm zum Trotz in diesem Haus auf seine Arbeit konzentrieren.

Der Molkenmarkt, der älteste Berliner Marktplatz, umfasst heute ein Mehrfaches seiner ursprünglichen Größe, so dass der mittelalterliche Grundriss nicht mehr erkennbar ist. Auf der linken Platzseite ist die Rückfront des Roten Rathauses zu sehen, doch unser Weg führt zunächst links am Alten Stadthaus vorbei, entlang dem Neuen Stadthaus zur Klosterstraße. Im Neuen Stadthaus tagte in der unmittelbaren Nachkriegszeit die Stadtverordnetenversammlung, bis sie 1948 von kommunistischen Demonstranten gesprengt wurde. Bis auf eine zogen die Fraktionen daraufhin in den Westteil der Stadt, um ungestört beraten und beschließen zu können. Dieser Vorgang war ein wesentlicher Beitrag zur Teilung der Stadt.

An der Klosterstraße fällt das **Podewil** auf, auf das die Parochialstraße zuführt. Dieses heutige Kulturhaus entstand als Stadtpalais eines Hofrats – übrigens unter demselben Baumeister und im selben Jahr wie das oben erwähnte Palais Schwerin. 1732 kam es in den Besitz des Staatsministers Podewil. Staatsminister und Hofräte wohnten hier also.

Der Hofstaat hatte auch eine eigene Kirche. Es ist rechter Hand die **Parochialkirche**, die den Krieg schwer beschädigt überstand; an den einst prächtigen Barockturm erinnert der verbliebene Stumpf. Im Kirchenraum mit seinem rohen Charme finden häufig Ausstellungen und Konzerte statt. Unter der Kirche befindet sich ein Gruftgewölbe mit teils mumifizierten Überresten der Verstorbenen der Gemeinde. Die Berliner Parochie, die Gemeinde der Hofbeamten, war 1613 zusammen mit dem Kurfürsten Johann Sigismund größtenteils zur reformierten Konfession übergetreten, während die Bevölkerung ansonsten lutherisch blieb.

Links der Kirche führt die Parochialstraße zur „Letzten Instanz". Diese Gaststätte wirbt damit, seit 1621 eingerichtet und damit der älteste Gastronomiebetrieb der Stadt zu sein. Das Haus wurde wahrscheinlich aber „erst" um 1680 gebaut und wegen Schwammbefalls ab Mai 1961 fast komplett abgerissen und verändert wiederhergestellt. Zu den Veränderungen gehört die Einbeziehung der Nachbarhäuser. In den urig eingerichteten Gasträumen gibt es heute vor allem deftige Berliner Küche, zum Beispiel Eisbein mit Erbspüree. Insgesamt vermittelt das Ensemble eine Ahnung von der kleinteiligen Vorkriegsstruktur der Berliner Altstadt. Der ab 1924 sicher nachzuweisende heutige Name der Restauration bezieht sich auf das nahe gelegene Gericht. In der „Letzten Instanz" haben Menschen, die aus verschiedenen Gründen bei Justitia zu tun hatten, aus ebenso verschiedenen Gründen geistige Getränke konsumiert.

Auf dem Weg zum Gericht in der Littenstraße findet man hinter den Häusern – von der Waisenstraße aus zu erkennen – Reste der mittelalterlichen Stadtmauer Berlins. Die Häuser sind an diese erste der Berliner Stadtmauern herangebaut worden; links von der „Letzten Instanz" befindet sich zwischen Waisen- und Littenstraße ein weiteres frei stehendes Stück Stadtmauer, teils aus den typischen märkischen Feldsteinen. Sie dienten im Mittelalter in diesem damals sehr kargen und armen Landstrich als wichtiges Baumaterial.

Schräg dahinter erhebt sich das neobarocke **Amtsgericht Mitte**, das auch Jugendstilelemente aufzuweisen hat. Sehenswert ist unter anderem die Eingangshalle mit dem prächtigen Treppenhaus. Den linken – nördlichen – Seitenflügel hat man in den sechziger Jahren abgetragen, um die Straße Richtung Alexanderplatz zu einer Art innerstädtischer Autobahn ausbauen zu können. Ziel der Stadtplaner war die autogerechte Stadt, ein Ziel, welches in Berlin sowohl im Ost- als auch im Westteil mit großer Konsequenz verfolgt wurde.

Verlässt man den Haupteingang des Gerichtes, befindet sich gegenüber in einer Grünanlage die Ruine der **Klosterkirche**. Um 1270 führten die Franziskaner mit diesem Bau den Backstein als Baumaterial in Berlin ein. Auf dem ehemaligen Klostergelände entstand 1574 mit dem Gymnasium „Zum Grauen Kloster" Berlins Eliteschule, in der unter anderem Fontane und Bismarck lernten. Von innen war die Kirche gewiss eine der schönsten Kirchen der Stadt, bis sie im Krieg schwer beschädigt wurde. Ihre Ruine ist ein Mahnmal gegen den Krieg. In den Mauern werden des öfteren Kunstausstellungen, meist Skulpturen, gezeigt.

Das ehemalige Hauptportal der Kirche im Rücken, gelangt man entlang der überdimensionierten Grunerstraße wieder zum Molkenmarkt und kann diesen mit zwei Fußgängerampeln Richtung Nikolaiviertel überqueren.

Dem Mühlendamm folgend, passiert man das Hanf-Museum gegenüber der bereits erwähnten Münze und erreicht an der Ecke zur Poststraße das **Ephraim-Palais**, das heute einzige Rokoko-Bürgerhaus Berlins. Dieses Wohnhaus ließ sich bis 1766 Veitel Ephraim errichten, seines Zeichens Hofjuwelier und Münzpächter Friedrichs des Großen. Majestät soll ob der Pracht des Gebäudes gar nicht begeistert gewesen sein. Auch dieses Berliner Bauwerk ist sehr mobil. Die Nationalsozialisten ließen das Ephraim-Palais anlässlich der Verbreiterung des Mühlendammes abtragen. Das Haus wurde zwecks späteren Wiederaufbaus in Einzelteilen eingelagert. Nach dem Krieg fanden sich diese Elemente im Westteil der Stadt, obwohl sie eigentlich in den damaligen Ostteil, nämlich eben hierher, gehört hätten.

Nun aber feierte Berlin 1987 ein sehr aufwendig begangenes Jubiläum: 750 Jahre Ersterwähnung der Stadt. Konkurrenz belebt bekanntlich das Geschäft, so bemühten sich beide Stadthälften um einen möglichst guten Eindruck. Dem Magistrat Ost-Berlins und dem Ministerrat der DDR musste schon bei einem Blick durch die Fenster des jeweiligen Dienstsitzes auffallen, dass die „Wiege Berlins", das **Nikolaiviertel**, einen etwas kümmerlichen Eindruck machte. Um die Ruine der Nikolaikirche herum waren noch ganze vier Häuser erhalten. Nun zog man den Trumpf, passend zum Stadtjubiläum, aus dem Ärmel: Nach den Stadtplanungsorgien der Moderne wurde (wieder in beiden Teilen der Stadt zugleich) eine Rückbesinnung auf die Traditionen des Berliner Bauens praktiziert. In diesem Falle hieß das: Wiederaufbau der Nikolaikirche und des Nikolaiviertels. Der Westen der Stadt steuerte die erhaltenen Teile des Ephraim-Palais dazu bei. Sie wurden an die damalige Hauptstadt der DDR übergeben, zwecks Wiederaufbau des legendären Bauwerkes – über 45 Jahre nach seiner Abtragung. Nun steht es wieder, das Palais, unweit seines Originalstandortes, über den heute die Autos brausen. Das Haus hat eine im wahrsten Sinne des Wortes bewegte Geschichte hinter sich. Heute finden im Ephraim-Palais Ausstellungen statt. Die Eintrittskarte berechtigt auch zum Besuch der Nikolaikirche und des Knoblauchhauses.

Wer sich stärken will, wird im Nikolaiviertel nicht enttäuscht: Das Café „Ephraim's" am Spreeufer ist nur eines der vielen Angebote. In Erwartung zahlender Gäste aus dem In- und Ausland wurden für das Viertel viele devisenbringende Restaurationen und Geschäfte vorgesehen. Um die rekonstruierte Nikolaikirche entstand bis 1987 eine – zum Teil allerdings etwas künstlich anmutende – Altstadt-Atmosphäre. Die wenigen

Baureste wurden durch den Neubau alter Häuser oder durch so genannte Sonderplatte ergänzt. Diese aus Betonfertigteilen zusammengesetzten Gebäude erinnern mit ihren schmalen Giebeln ein wenig an norddeutsche Hafenstädte, benutzen also Bauformen, die nicht Berlin-typisch sind. Zu den zahlreichen Gaststätten gehört „Zum Nußbaum" in der Probststraße, Ecke Am Nußbaum.

Dieses Lokal entstand 1571 in dem bereits durchwanderten Cölln. Das Nikolaiviertel bekam hier einen Gast vom anderen Spreeufer: Im Konzept der Fischerinsel hatte es keinen Platz mehr für alte Häuser gegeben. Zum einen gilt der „Nußbaum" als älteste Gaststätte Berlins (den Streit mit der bereits erwähnten „Letzten Instanz" um diese Auszeichnung belebt nicht nur die Jahreszahl, sondern auch die Frage nach Original-Standort und -Substanz). Zum anderen verkehrte im „Nußbaum" der legendäre Heinrich Zille, der humorvolle, kritische und scharfe Chronist des Berliner Arme-Leute-Milieus. Von den verrußten und bröckelnden Fassaden der Vorkriegszeit und ihrem zwiespältigen Charme ist in diesem innerhalb der Planung der sozialistischen Hauptstadt rekonstruierten Viertel nichts mehr geblieben. Heinrich Zille würde der Umgebung wegen nicht mehr im „Nußbaum" verkehren. Das aber tut der gegenwärtigen Beliebtheit dieser und anderer Gaststätten im Quartier keinen Abbruch.

Bekannt ist auch die „Gerichtslaube" in der Poststraße, wo insbesondere deftige Berliner Küche wie etwa Schlachteplatte geboten wird. Ursprünglich gehörte die Gerichtslaube zum alten Berliner Rathaus, das sich auf dem nordwestlichen Teil des heutigen Rathausgrundstückes befand. Beim Abbruch des alten Rathauses wurde die „Gerichtslaube" in den Schlosspark von (Potsdam-) Babelsberg versetzt. Die heutige Gaststätte ist zwar nur ein Nachbau des historischen Gebäudes, liegt dafür aber ganz in der Nähe des Originalstandortes.

Zu den zahlreichen Geschäften gehört in der Probststraße 3 der „Alt-Berliner Laden", der alte Stadtpläne und nostalgische Souvenirs verkauft. Daneben gibt es einen hübschen Teeladen und im Haus Nummer 4, in der „Puppenstube", auch das Berliner Wappentier aus Stoff. In der Probststraße 11 befindet sich eines der größten Fachgeschäfte für Plauener Spitze, während gegenüber der „Thüringer Weihnachtsmarkt" ganzjährig geöffnet hat.

Im Herzen des Nikolaiviertels findet sich eines der vier wirklich erhaltenen Gebäude des Areals, das 1761 entstandene **Knoblauchhaus**,

Nikolaikirchplatz, Ecke Poststraße. Das ehemalige Wohnhaus der alteingesessenen Familie Knoblauch beherbergt im Erdgeschoss eine Weinstube und zeigt als Teil der Stiftung Stadtmuseum Berlin die Biedermeier-Wohnkultur der ursprünglichen Eigentümer.

Ebenfalls eine Einrichtung des Stadtmuseums ist die unübersehbare **Nikolaikirche**, die dem Viertel den Namen gab. Die Kirche gilt als ältestes Gebäude Berlins, da ihre Grundmauern mit der Gründung der Stadt um 1200 entstanden sind. Die älteren Feldsteine sind deutlich auszumachen, und auch die Backsteine können unterschieden werden in ältere und in glatte neue, die erst bei der Wiederherstellung der Kirche in den achtziger Jahren verwendet wurden. Die längste Zeit ihrer Geschichte hatte die Nikolaikirche nur eine Turmspitze; erst 1879 wurde ein zweiter Turmhelm ergänzt. Interessanterweise entschieden sich die Rekonstrukteure des Sozialismus für die kaiserzeitliche Variante, die ihnen für das bereits erwähnte Stadtjubiläum im Jahr 1987 offensichtlich beeindruckender erschien.

Aus der reichen Geschichte der Nikolaikirche seien drei weitere Aspekte herausgegriffen: Zunächst wurde hier von der Berliner Bürgerschaft (ausschließlich wohlhabende Männer) zum ersten Mal offiziell das „Abendmahl in beiderlei Gestalt", also ganz unkatholisch auch mit Wein, eingenommen. Damit ist Berlin seit dem 2. November 1539 eine evangelisch geprägte Stadt. Allerdings liegt die Zahl der evangelisch eingetragenen Christen in Berlin heute unter einer Million.

Das würde den – nach Luther – berühmtesten evangelischen Liederdichter Paul Gerhardt grämen. Er tat an dieser Kirche Dienst, bis er nach Streitigkeiten mit dem Kurfürsten 1666 Berlin Richtung Lübben verließ. Viele von Gerhardts rund 130 Texten wie „Geh aus, mein Herz und suche Freud", „Wie soll ich Dich empfangen", „O Haupt voll Blut und Wunden" oder „Befiehl Du Deine Wege" gehören noch heute zu den beliebtesten und eindrucksvollsten des Gesangbuches.

Schließlich tagte 1809 auch eben in dieser Kirche die erste frei gewählte Stadtverordnetenversammlung Berlins (die allerdings auch nur aus wohlhabenden Männern bestand) – und in Erinnerung daran 1990 das Abgeordnetenhaus von Berlin anlässlich seiner ersten Sitzung nach der Wiedervereinigung.

Gegenüber vom Hauptportal der Kirche führt die Probststraße zum Spreeufer. Hier kämpft der Heilige Georg verkehrt herum gegen den Drachen: Er hat die zu verteidigende Stadt nicht im Rücken, sondern vor sich. Dass er einst im Hof des Stadtschlosses kämpfte, nach dem Krieg im Volkspark Friedrichshain dem Lindwurm den Garaus machte und erst seit 1986 wieder unweit seiner einstigen Wirkungsstätte steht, verwundert den Spaziergänger schon nicht mehr – über die Mobilität des Inventars dieser Stadt wurde ja schon einiges gesagt.

Das erwähnte Stadtschloss stand in Sichtweite: Die Rathausbrücke führt uns wieder hinüber auf die Cöllner Seite der Spree, wo sich links am Ufer das ehemalige Wirtschaftsgebäude des Schlosses, der **Neue Marstall** von 1902, erstreckt.

Rechts der Rathausbrücke steht seit 1976 der **Palast der Republik** auf einem Teil des ehemaligen Schlossgrundstückes. „Erichs Lampenladen", wie das Gebäude auch genannt wurde, wird zur Zeit asbestsaniert. Der ehemalige Sitz der Volkskammer der DDR war zugleich ein Haus des Volkes mit dreizehn Restaurants, einer Bowlingbar, einem Kabarett, einem Theater, Terrassen zum Fluss, Kunstausstellungen, Konzerten, hervorragender Veranstaltungstechnik und anderem. Seit 1990 ist all dies nicht mehr nutzbar, und nach der Entfernung des Asbestes – auch in tragenden Teilen – wird nicht mehr viel von der ursprünglichen Bausubstanz erhalten bleiben. Ob es gelingt, zumindest Teile des ehemaligen „Palazzo di Prozzo" in neue Planungen einzubeziehen, diskutiert seit Herbst 2000 eine Regierungskomission. Sie soll Vorschläge für den gesamten Schlossplatz erarbeiten.

An dieser Stelle der Cöllner Spreeinsel stand das Stadtschloss der Hohenzollern. Erbaut wurde Norddeutschlands größter Barockbau in Etappen zwischen 1442 und 1845, vorrangig die Barockfassaden bedeutender Baumeister wie Andreas Schlüter prägten die Umgebung. Die gesamte sich in Richtung Westen anschließende Bebauung hatte das Schloss zum Ausgangspunkt, darunter auch die Straße Unter den Linden. Das Stadtschloss der Hohenzollern war das zentrale Bauwerk Berlins. Was für Köln der Dom oder für Hamburg das Rathaus ist, fehlt hier nun. Somit steht die Frage nach einem Teilaufbau des Schlosses im Raum, wobei allerdings auch eine mögliche Nutzung noch ungeklärt ist. Die Regierenden haben sich nämlich aus dem Berlin-Cöllner Altstadtbereich in Richtung Tiergarten zurückgezogen (also von hier aus Richtung Westen, Richtung Bonn).

Zu DDR-Zeiten war das anders: Der damalige Marx-Engels-Platz war gesäumt vom „Parlament" (im Palast der Republik), dem Außenministerium (nach der Wende abgerissen), dem Zentralkomitee (ZK) der SED und dem Staatsrat, dem kollektiven Staatsoberhaupt. Das **Staatsrats-**

gebäude auf der Südseite des heutigen Schlossplatzes birgt in seiner Fassade den letzten baulichen Rest der 1950 gesprengten Schlossruine: das Portal Nummer IV des Schlosses von 1713, das so genannte Lustgartenportal. Es wurde gerettet, weil Karl Liebknecht am 9. November 1918 um 16 Uhr vom unteren Balkon aus (vergeblich) die sozialistische Republik ausrief. Durch dieses Portal kann bis zur Fertigstellung seines Dienstsitzes im Tiergarten der Bundeskanzler gehen, da ihm das Staatsratsgebäude provisorisch als Amt dient. Der Lustgarten, zu dem hin sich das Portal IV ursprünglich öffnete, befindet sich auf der Nordseite des Schlossplatzes Richtung Berliner Dom. (Dieses Gebiet wird durch unseren Nachmittagsspaziergang erschlossen.)

Die Schleusenbrücke am ehemaligen Staatsratsgebäude führt uns hinüber zur Werderstraße. Dort erstreckt sich im Hintergrund die Baumasse der **ehemaligen Reichsbank** von 1938 zwischen Unterwasser- und Kurstraße bis zur Jungfernbrücke hin. Zunächst von den Nationalsozialisten genutzt, wurde das Gebäude dann Sitz des ZK der SED. Nun ist das Auswärtige Amt hier eingezogen und kehrte damit in seine Geburtsstadt Berlin zurück, wo es von Bismarck vor über 130 Jahren gegründet wurde. Das am weitesten östlich gelegene der Bundesministerien bekam einen Erweiterungsbau zur Werderstraße hin.

Auch diesem gegenüber kehrte jemand zurück, nämlich Karl Friedrich Schinkel. Sein Denkmal steht dort, wo das zehngeschossige Außenministerium der DDR das Ufer zwischen Schleusen- und Schlossbrücke besetzte. Ein leichtes Lächeln Schinkels ist gewiss Einbildung. So wie das Ministerium nach der Wiedervereinigung aus städtebaulichen Gründen verschwand, hatte man zu dessen Bau 1963 Schinkels Bauakademie abgerissen. Dieser damals leidlich erhaltene Markstein der Architekturgeschichte soll nun wieder aufgebaut werden. Ein Rasenquadrat südlich des Schinkel-Denkmals kennzeichnet den ehemaligen Standort; eine Ecke der Akademie wurde als Werbung für einen kompletten Wiederaufbau bereits errichtet.

Wiederhergestellt ist dagegen seit den achtziger Jahren gleich nebenan die **Friedrichswerdersche Kirche**, die heute ein nach ihrem Baumeister benanntes Schinkel-Museum birgt. Zwei Dinge führte Schinkel hier in das preußische Bauen ein: die Wiederbelebung der Gotik und den Backstein an der Fassade – beides mittelalterliche Traditionen, wie bereits bei der Klosterkirche zu sehen war. Der Schinkel-Schule, die Preußen im neunzehnten Jahrhundert baulich prägte, gelang es, mit dem billigen einheimischen Baumaterial Backstein und mit Terrakottaschmuck haltbare und ansprechende Fassaden in fast allen Stilrichtungen zu zaubern. Benannt ist die Kirche nach der ältesten Vorstadt Berlins, Friedrichswerder. Erst 1710 wurde diese Gemeinde zusammen mit Cölln, Berlin und zwei weiteren Vorstädten zu einer Einheitsgemeinde zusammengefasst.

Schräg gegenüber der Kirche führt uns die Oberwallstraße nach Süden und erinnert mit ihrem Namen an den Standort der eingangs erwähnten Wallanlagen des siebzehnten Jahrhunderts. Die rechts abbiegende Jägerstraße heißt nach dem längst verschwundenen Haus des kurfürstlichen Hofjägers. Hier am Wall begann im siebzehnten Jahrhundert der Tiergarten, der Jagdgrund der Kurfürsten. Der Weg durch die Jägerstraße führt vorbei an der Hauptstadtrepräsentanz der Deutschen Telekom (Nr. 42/44), dem ersten deutschen Telegrafenamt, und an der Zentrale des Fernsehsenders Sat 1 (Nr. 27/32). Im Haus Nummer 54 erinnert eine Tafel an Rahel Varnhagen, die durch ihren Salon und ihren Einsatz für die Gleichberechtigung von Frauen und Menschen jüdischer Herkunft bekannt wurde. So gelangt man zum Endpunkt der ersten Route, zum Gendarmenmarkt.

Dort, wo die Straße einen kleinen Knick aufweist, verlässt man den Bereich des frühbarocken Berlin mit seiner Vorstadt Friedrichswerder und betritt die Friedrichstadt, welche nach 1688 angelegt wurde.

Der zentrale Platz in diesem schachbrettartigen Straßennetz ist ebenfalls rechteckig: der **Gendarmenmarkt**. Benannt nach einem Regiment, war er der Marktplatz der Friedrichstadt. Ältestes Gebäude auf dem Platz ist die 1705 erbaute **Französische Friedrichstadtkirche**. Sie steht zur Platzecke Französische Straße/Charlottenstraße hin und hat ein rotes Dach. Die Unterkirche ist umgebaut für eine Mitnutzung durch die gegenüberliegende Evangelische Akademie. Weiterhin finden hier auch die Gottesdienste jener Gemeinde statt, die ihren Ursprung in der Aufnahme der Hugenotten durch den Großen Kurfürsten hat. Die evangelischen Franzosen mussten im siebzehnten Jahrhundert vor ihren rabiaten katholischen Landsleuten flüchten. Etwa 20 000 der so genannten Hugenotten kamen nach Brandenburg. Nach 1685 war ein Fünftel der Bevölkerung der Friedrichstadt französischer Abstammung. Der letzte Ministerpräsident der DDR beispielsweise, Lothar de Maizière, ist einer der zahlreichen Berliner hugenottischer Herkunft.

Der Turm neben der Kirche wird allgemein als **Französischer Dom** bezeichnet, obwohl er keine Bischofskirche ist. Der Turm ist nicht Teil eines Gotteshauses, sondern gehörte immer dem Staat und wurde achtzig Jahre nach der Kirche zur Zeit Friedrich II. gebaut. Gleiches gilt für den gegenüberliegenden **Deutschen Dom**. Die Namen stammen vom französischen Wort für Kuppel: dôme. Die Türme sollten Europa zeigen, wie mächtig der Staat Preußen geworden war und welch schöne Plätze sich dessen Hauptstadt leisten konnte. Im Deutschen Dom präsentiert der Deutsche Bundestag die Ausstellung **„Fragen an die deutsche Geschichte"**, die einst im Reichstagsgebäude gezeigt wurde und sich mit dem Weg Deutschlands zur Demokratie beschäftigt. Der Deutsche Dom ist selber Ort demokratischer Geschichte: Auf seinen Stufen wurden 1848 die Gefallenen der Revolution aufgebahrt.

Die Mitte des Platzes bildet ein weiterer Bau Karl Friedrich Schinkels, das **Schauspielhaus**. Nach der Wiederherstellung wurde es 1984 als Konzerthaus wieder eröffnet.

Der Gendarmenmarkt gilt heute als schönster der Berliner Plätze; die Platzrandbebauung ist bald wieder geschlossen. Es finden sich hier Bauten aus der Kaiserzeit, so genannte Sonderplatte aus der Honecker-Zeit (Betonplattenbau mit historisierenden Stilmitteln) und glatte neue Fassaden.

Am Gendarmenmarkt endet der erste Stadtspaziergang. Rund um den Platz bieten sich nun zahlreiche Gelegenheiten, in angenehmer Atmosphäre zu speisen oder sich einfach nur zu erholen, so zum Beispiel in der Brasserie, Taubenstraße 30, gegenüber vom Deutschen Dom und neben dem Haus der Kultusministerkonferenz, oder bei „Lutter und Wegner" auf der anderen Platzseite, hinter dem Schauspielhaus.

Empfehlenswert ist auch ein Blick in die neuen, unterirdisch verbundenen **Friedrichstadtpassagen** zwischen Charlotten-, Mohren-, Französischer Straße und **Friedrichstraße**. Im nördlichen Block lockt das Kaufhaus **Galeries Lafayette** mit den Düften der Feinkostabteilung. Zum Stöbern nach Büchern und CDs lockt ebenfalls in der Friedrichstraße, jedoch jenseits von Unter den Linden, das „Kulturkaufhaus Dussmann", Ecke Dorotheenstraße.

Zum geschäftigen Zentrum rund um den Alexanderplatz gelangt man von hier schnell mit der U-Bahnlinie 2 ab Bahnhof Stadtmitte (Bahnhofseingänge Charlotten-, Ecke Mohrenstraße) Richtung Pankow/Vinetastraße.

Nachmittag (Karte siehe S. 13):
Stadtzentrum Ost – Alexanderplatz bis Brandenburger Tor

Für eine schnelle Stärkung vor dem Stadtspaziergang bietet sich das
Selbstbedienungsrestaurant „Dinea" im Alexanderhaus an.

Der Spaziergang beginnt direkt auf dem **Alexanderplatz**. Verlässt man
den Bahnhof Alexanderplatz der U-Bahnlinie 2 (Ausgang Alexanderplatz), steht man auf dem Zentralstück der sozialistischen Hauptstadtplanung der sechziger Jahre.

Zur Geschichte des 1805 anlässlich eines Besuches des russischen
Zaren umbenannten Ochsenmarktes findet man in einem Fußgänger-
tunnel (Eingang A Richtung Platzmitte, neben der Straßenbahnhalte-
stelle) sehenswerte Wandbilder auf Meißner Kacheln aus DDR-Zeiten.

Den Alexanderplatz schmückt der 1969 gestaltete Brunnen der Völker-
freundschaft von Walter Womacka. Ferner sieht man im Uhrzeigersinn
das höchste Haus Berlins, heute Forum-Hotel, früher Hotel Stadt Berlin.
Jenseits einer breiten Autostraße erkennt man das Haus des Reisens
mit den über dem Sockelgeschoss nach oben gebogenen Betondächern.
Vor diesem Gebäude stand am 4. November 1989 die Rednertribüne
der Kulturschaffenden der DDR. Anlässlich der größten Demonstration
der DDR sprachen Steffi Spira, Stefan Heym, Christa Wolf, Christoph Hein,
Gregor Gysi und andere zu den Hunderttausenden, die für Reformen
und gegen die damalige SED-Regierung auf die Straßen gingen.

Weiter rechts erkennt man das Haus des Lehrers mit einem sehenswerten Wandfries ebenfalls von Walter Womacka. Daneben schließt sich
die Kuppel der Kongresshalle an. Dann folgen die zwei einzigen erhal
tenen Vorkriegsbauten des Platzes: Ausgerechnet die beiden Neubauten von 1930, das hergerichtete Alexander- und das in Sanierung befindliche Berolinahaus, haben Krieg und Abriss überlebt. Die Gebäude im Stil
der Neuen Sachlichkeit entwarf Peter Behrens. Sie gehörten zu einem
radikalen Umgestaltungsvorhaben der zwanziger Jahre, das den Alexanderplatz zu einem großzügigen, modernen Weltstadtplatz machen
sollte. Die aktuellen Gestaltungspläne sehen den Bau von mindestens
sieben 150 Meter hohen Hochhäusern vor und beseitigen damit das einzige Stück sozialistischer Hauptstadtgestaltung Deutschlands.

An der Stelle des im Krieg zerstörten großen Warenhauses von Hermann Tietz (heute Hertie) errichtete man versetzt ein „Centrum"-Waren-

haus, heute Kaufhof, früher von einigen scherzhaft KaDeO genannt. Das „Kaufhaus des Ostens" war das Pendant zum KaDeWe, hier kauften Menschen aus vielen Ländern ein. In der Hauptstadt der DDR gab es vieles, was es im Großteil der Republik und in anderen sozialistischen Staaten nicht gab. Die DDR war das wohlhabendste Land des Ostblocks, in diesem Warenhaus merkte man es.

Die Krönung der Planung dieses Stadtbereiches aber war der 1969 eröffnete Fernsehturm. Auf dem Weg zu ihm geht man zwischen den beiden Behrens-Bauten hindurch, an der als Treffpunkt bekannten **Weltzeituhr** vorbei und unterquert dann die Stadtbahn. Berolina- und Alexanderhaus bilden hier eine Torsituation; und in der Tat befand sich an dieser Stelle das alte Königstor, durch welches 1701 der allseits bejubelte Kurfürst Friedrich III. zog, nachdem er sich in Königsberg zum ersten preußischen König hatte krönen lassen. Auch die Stadtbahn markiert die Berliner Grenze des siebzehnten Jahrhunderts. Diese wichtigste Ost-West-Verbindung der Stadt wurde 1882 als Viaduktbahn mitten in die dicht bebaute Millionenstadt hineingepflanzt. Um Geld für Grundstücke zu sparen und Abrisse zu vermeiden, schüttete man zwischen Jannowitzbrücke und Museumsinsel den Festungsgraben der Wallanlagen zu und führte statt seiner die gemauerten Bögen der Stadtbahn hier entlang.

Jenseits des bis 1998 umgebauten Bahnhofs, in dem die alten Bögen freigelegt und mit Geschäften bestückt wurden, steht Deutschlands höchstes Gebäude. Auch wenn der heutige Alexanderplatz ein Mehrfaches seiner Vorkriegsfläche umfasst: Bis zum **Fernsehturm** reicht er doch nicht.

„St. Walter", zu Walter Ulbrichts Zeiten errichtet, steht auf einer namenlosen Fläche des eigentlich mittelalterlichen Berliner Stadtkerns. Dadurch markiert der „Telespargel" in Berlin die Stadtmitte wie in Köln der Dom. Um drei Meter ist der einzige innerstädtische Fernsehturm Europas durch die erneuerte Antennenanlage der Telekom auf nunmehr 368 Meter gewachsen. Auch das Drehrestaurant in 207 Meter Höhe – mit einem lohnenden Ausblick, den man auch von der ebenfalls mit einem Fahrstuhl zu erreichenden Aussichtsplattform genießen kann – dreht sich anders: Jetzt fährt man schon in einer halben Stunde einmal herum, zu DDR-Zeiten nahm man sich die doppelte Zeit.

In Sichtweite des Turmes steht an der gleichnamigen Straße das Rathaus, genau hundert Jahre älter als der Turm. Es ist als **Rotes Rathaus** bekannt, der Ziegelfarbe wegen und um es von den vielen anderen Rathäusern unterscheiden zu können. Sagt man in Berlin einem Droschkenkutscher als Fahrtziel einfach „Rathaus", setzt das Taxi einen meist ungefragt vor dem jeweiligen Bezirksrathaus ab. Ein Blick in die Treppenanlage des Roten Rathauses oder in den Wappensaal im ersten Stock lohnt sich (am Wochenende geschlossen). Bemerkenswert ist auch der umlaufende Wandfries, der Szenen aus der Geschichte Berlins darstellt. Der Regierende Bürgermeister hat hier als Regierungschef des Bundeslandes Berlin mit der Senatskanzlei seinen Sitz. Das Abgeordnetenhaus, das nun an Stelle einer Stadtverordnetenversammlung als Landesparlament für die Gesetzgebung zuständig ist, hatte keinen Platz mehr im Rathaus und tagt jetzt im ehemaligen Preußischen Landtag in der Niederkirchnerstraße.

Das Rathaus im Rücken, führt der Weg am einst auf dem Schlossplatz befindlichen **Neptunbrunnen** vorbei und weiter zur **Marienkirche**. Die zweite Berliner Pfarrkirche ist das einzige Gotteshaus der Berliner Altstadt, das den Weltkrieg halbwegs unbeschadet überstanden hat. Die gotische Hallenkirche aus der Mitte des dreizehnten Jahrhunderts hat einen über hundert Meter hohen Turm, gekrönt von einem gotisierenden Aufsatz des Baumeisters Langhans, der auch das Brandenburger Tor schuf. Im Turmsockel befindet sich der Berliner Totentanz, eine der bedeutendsten Darstellungen dieser Art nördlich der Alpen. Die mittelalterlichen Fresken zeigen den Tod im Reigen mit Angehörigen aller Stände. Die Mischung von Arm und Reich war eine damals brisante soziale Aussage: (Nicht nur) vor Gott sind alle Menschen gleich. Die stark gefährdete und verblasste Darstellung ist durch Glas geschützt. Bild und Kirche lassen ahnen, was hier im Krieg verloren ging: das Herz der Stadt, die Altstadt von Berlin.

Die Marienkirche ist die Predigtkirche des evangelischen Bischofs von Berlin. Nicht zur Landeskirche gehört dagegen der **Berliner Dom**, dessen mächtige Kuppel schon in Sichtweite jenseits der Spree aufragt. Der Dom war die Kirche der reformierten Schlossgemeinde der Hohenzollern, deutlich erkennbar an der größten europäischen Familiengruft im Untergeschoss. Das 1905 und nach Kriegszerstörungen dann wieder 1992 fertig gestellte Gebäude zeigt vor allem mit seiner inneren Pracht, worum es dem Bauherrn ging. Der preußische König und letzte Kaiser Wilhelm II. hatte als „summus episcopus", also als Oberhaupt der preußischen evangelischen Kirchen, nicht calvinistische Frömmigkeit im Sinn.

Der Dom sollte vielmehr schon in seiner äußeren Form einen Machtanspruch illustrieren. Mit seinem Neo-Hochrenaissance-Stil sollte er sich neben dem Petersdom in Rom und der St. Paul's Cathedral in London behaupten und signalisieren: Der Papst, Queen Victoria und ich, Wilhelm II. – wir sind die drei mächtigsten Kirchenfürsten der Christenheit. Der Dom gehört heute zur Evangelischen Kirche der Union und demonstriert den Wilhelminismus in all seiner pathetischen Übersteigerung. Vergleicht man den Kuppelsaal des Domes (es wird Eintritt verlangt, um die immensen Unterhaltungskosten auffangen zu können) mit dem des benachbarten Alten Museums am Lustgarten schräg gegenüber, wird der Unterschied zwischen Preußen und Kaiserreich deutlich.

Das **Alte Museum** von 1830 entwarf der preußische Baumeister Schinkel. In seiner klassizistischen Eingangshalle findet man einen Kuppelsaal ganz anderer Art. Die Rotunde strahlt Eleganz und Selbstsicherheit aus; mit dem „preußischen" Marmor, der nur aus Stuck besteht, wird zudem eine gewisse Bescheidenheit an den Tag gelegt – welch Kontrast zu den pompösen Bauten des Wilhelminismus, die – wie etwa der Dom, das Reichstagsgebäude und zahlreiche überladene Wohnhäuser – zeigen, dass preußische Anmut einer fieberhaften, unsicheren Atmosphäre gewichen war, in der man sich stark an Vergangenem und Äußerem orientierte. Wie so oft in Berlin lassen sich auch hier aus Bauten Rückschlüsse auf die deutsche Geschichte und die sie prägenden Machtverhältnisse ziehen.

Vor dem Alten Museum wurde der **Lustgarten** auf der Grundlage Schinkelscher Pläne wiederhergestellt. Während des Nationalsozialismus und zu DDR-Zeiten gab es hier dem Namen zum Trotz keinen Garten, sondern gepflasterte Vierecke, geschaffen für große Aufmärsche. Damit ist auch der Hauptgrund genannt, warum Walter Ulbricht die Schlossruine gegenüber dem Alten Museum sprengen ließ. Der so erweiterte Aufmarschplatz war größer als der Rote Platz in Moskau.

Das Alte Museum ist der älteste Bau der sich dahinter erstreckenden Museumsinsel, die genau genommen nur das nördliche Drittel der Spreeinsel darstellt, auf deren Südhälfte Cölln lag, dazwischen der Schlossbereich.

Die Berliner **Museumsinsel** stellt neben dem Louvre und der Eremitage eines der wichtigsten Ausstellungszentren in Europa dar. Die Sammlungen gehören größtenteils zur Weltspitze. Viele von ihnen, darunter die Gemäldesammlung, gehen zurück auf die Kunstkammer der Hohenzollern-Fürsten, der zunächst der Große Kurfürst im siebzehnten Jahrhundert bedeutende Impulse gab. Orientierungspunkt waren für ihn Künstler aus den Niederlanden, dem Land, in dem er ausgebildet wurde und seine Frau Luise Henriette fand.

Die Staatlichen Museen Preußischer Kulturbesitz verwalten die Schätze, die somit von einer Stiftung der Länder und des Bundes als nationales Kulturerbe der Öffentlichkeit zugänglich gemacht werden. Die Sanierung und Wiederherstellung der Gebäude wird sich allerdings noch bis etwa 2010 hinziehen und über eine Milliarde Mark kosten.

Saniert wurde beispielsweise die **Alte Nationalgalerie** rechts hinter dem Alten Museum. Viele Gemälde der gewachsenen Sammlung finden im Werk des Baumeisters Stüler keinen Platz mehr. Bestände der Nationalgalerie sind unter anderem im westlichen Gegenstück zur Museumsinsel, dem Kulturforum, zu sehen.

Eine weitere Neuordnung der Sammlungen wird sich mit der Wiederherstellung des Neuen Museums, direkt hinter dem Alten Museum gelegen, ergeben. Das Neue Museum diente vor allem den ägyptischen Sammlungen. Die Bestände aus dem Westteil der Stadt werden auf die Museumsinsel zurückkehren.

Nur vom Kupfergraben aus gelangt man zum **Pergamonmuseum**, dem berühmtesten der Berliner Sammelhäuser. In erster Linie als Architekturmuseum gedacht, wurde der zur Kaiserzeit begonnene Bau Alfred Messels erst unter Ludwig Hoffmann 1930 vollendet. Zu den bekanntesten Stücken gehören der Zeus-Altar aus Pergamon, das Markttor von Milet und die Ischtar-Prozessionsstraße aus Babylon.

Beim Verlassen des Museums sieht man rechts, dass die Stadtbahn mitten über die Museumsinsel hinwegrattert. Das fünfte Haus der Museumsinsel schließt sich nördlich der Stadtbahn an: Das **Bodemuseum** bildet die Spitze der Spreeinsel. Das ehemalige Kaiser-Friedrich-Museum wurde bis 1904 nach einem Entwurf Ernst von Ihnes gebaut. Unter den zwei Kuppeln und rund um die fünf Innenhöfe findet man die bedeutendste deutsche Skulpturensammlung, eines der weltweit größten Münzkabinette und bis zur Wiederherstellung des Neuen Museums Teile der Ägyptischen Sammlung. Das Haus trägt den Namen des bedeutenden ehemaligen Generaldirektors der Staatlichen Museen Wilhelm Bode. Der von 1905 bis 1920 amtierende Bode sorgte entschei-

dend dafür, dass die Sammlungen der Hohenzollern zu Anfang des
zwanzigsten Jahrhunderts ergänzt, vervollständigt, geordnet sowie wis-
senschaftlich betreut wurden und letztlich zu Weltruhm gelangten.

Wieder entlang dem Kupfergraben führt der Weg zurück zu einem
weiteren Museum, dem ehemaligen Zeughaus und jetzigen **Deutschen
Historischen Museum** (DHM). Es ist auf unserem Spaziergang das erste
Haus der Straße **Unter den Linden**, im folgenden auch als „Linden" bezeichnet. Zu ihm führt über den Spreearm die **Schlossbrücke** mit den
beeindruckenden Statuen Schinkels. Sie lagerten bis 1981 im Westteil
der Stadt und stellen das Leben eines Kriegers dar. Die nicht minder beeindruckenden Kriegermasken von Andreas Schlüter werden wieder im
Innenhof des Zeughauses zu sehen sein, wenn das DHM seinen dann
umgebauten und erweiterten Bau bezogen hat. Das ehemalige Waffen-
arsenal, dessen Bau 1695 begonnen wurde, bekommt rückseitig einen
Anbau nach Plänen von Ieoh Ming Pei. Der chinesischstämmige New
Yorker ist mit seiner Glaspyramide im Innenhof des Pariser Louvre in die
Geschichte eingegangen. Insbesondere der ehemalige Bundeskanzler
und promovierte Historiker Helmut Kohl setzte sich dafür ein, dass Ming
Pei in Berlin das Historische Museum um das Markenzeichen eines ge-
wundenen gläsernen Treppenturms erweitert. Leider wurde dafür ein
Magazin-Gebäude abgerissen, das dem städtebaulichen Kontext an
dieser Stelle einen ruhigen Halt gab.

Vis-à-vis dem Zeughaus steht ein weiterer mobiler Berliner: Reichs-
freiherr vom und zum Stein zog vom Dönhoffplatz hierher, wo bis zum
Krieg das Gouverneurshaus stand – vermutlich geht seine Reise noch
weiter, da ein Medienkonzern das Haus wieder aufbauen will. Daneben
befindet sich das **Kronprinzenpalais** an alter Stelle. Es diente König
Friedrich Wilhelm III. zeitweise als Wohnung.

Unter anderem aus diesem Grund entstand schräg gegenüber, auf der
Trasse des ehemaligen Festungsgrabens, ein neues Wachhaus für die
Leibgarde. Die **Neue Wache** ist eines der Hauptwerke des schaffens-
freudigen Karl Friedrich Schinkel und wurde 1818 vollendet. 1930 wurde
sie von Heinrich Tessenow zum Reichsehrenmal umgestaltet. Über einem
zentralen silbernen Eichenlaubkranz öffnete Tessenow die Decke. Zu
DDR-Zeiten wurde das Ehrenmal neu genutzt: Eine Ewige Flamme in
einem Plexiglasblock und das Emblem der DDR schmückten das „Mahnmal für die Opfer des Militarismus und des Faschismus". Seitdem liegt

unter dem Boden auch Erde aus Konzentrationslagern und das Grab eines unbekannten Soldaten. Der Opfer des Militarismus gedachte man dabei auch mit der großen Wachablösung in preußischem Stechschritt, die eine Touristenattraktion darstellte.

Nun ist die Neue Wache das erste geformte Stück Bundeshauptstadt. Hier hat die Bundesregierung 1993 zum ersten Mal im wieder vereinigten Berlin Gestaltungswillen gezeigt und durchgesetzt. Erstaunlich genug – der konservative Kanzler Kohl ließ dabei die Skulptur einer kommunistischen und pazifistischen Künstlerin zum Zentrum des Mahnmals der Bundesrepublik Deutschland für die Opfer des Krieges und der Gewaltherrschaft machen. Die Skulptur zeigt die Künstlerin Käthe Kollwitz selbst mit ihrem Sohn Hans, den sie im Krieg verlor. Zugleich ist das Motiv der Pietà ein christliches Symbol. Gewollt ist die Rückführung des unbegreiflichen Leids, welches im zwanzigsten Jahrhundert durch und in Deutschland über Millionen von Menschen kam, auf das individuell erlebbare. Nicht Völker als ganze empfinden Leid, sondern immer die einzelnen Individuen. Mütter trauern um Söhne. Zur Verdeutlichung des Gehaltes der Gedenkstätte befinden sich Worte des ehemaligen Bundespräsidenten von Weizsäcker an den Außenwänden, die seiner bekannten Rede, gehalten vor dem Bundestag zum vierzigsten Jahrestag der Beendigung des Zweiten Weltkrieges, entnommen wurden.

Hinter der Neuen Wache pflegte man seit 1827 die Sangeskunst. Dort ließ der Maurermeister Carl Friedrich Zelter ein Haus für die von ihm geleitete Singakademie erbauen, einem heute noch existierenden Chor zur Pflege des geistlichen Gesanges. Heute befindet sich hier das frisch renovierte **Maxim-Gorki-Theater**.

Quert man Unter den Linden erneut, zeigt sich das **Prinzessinnenpalais**, in dem es derzeit eines der besten Berliner Tortenbüfetts gibt, nämlich im „Opernpalais".

Gleich nebenan wurde die **Staatsoper Unter den Linden**, bis 1743 nach Plänen des Baumeisters Georg Wenzeslaus von Knobelsdorff errichtet, nach dem Krieg liebevoll wieder aufgebaut.

Die Oper steht mitten auf dem heutigen **Bebelplatz**, dem einzigen Platz der Innenstadt, dessen Fassaden so aussehen wie vor 1943. Allerdings befindet sich heute hinter den wieder aufgebauten Fronten meist eine moderne Konstruktion. Der ehemalige Opernplatz ist auch als Forum Fridericianum bekannt. Friedrich der Große, dessen restauriertes Reiterstandbild wieder auf dem Mittelstreifen Unter den Linden seinen Platz fand, gab Order zum Bau fast aller Häuser ringsum.

Auf diesem Platz, nahe der traditionsreichen Humboldt-Universität, ließen die Nationalsozialisten am 10. Mai 1933 über 20 000 Bücher verbrennen. Sie waren der Meinung, die von ihnen ausgewählten Bände seien „undeutschen Geistes". Dazu gehörten Bücher Erich Kästners, der Familie Mann, von Magnus Hirschfeld, Lion Feuchtwanger, Karl Marx, Else Lasker-Schüler und fast 400 anderen Autoren und Autorinnen. Auch die Bücher Heinrich Heines wurden verbrannt. Hätte man sie statt dessen gelesen, wäre man auf Heines Bemerkung gestoßen, dass man dort, wo man Bücher verbrennt, auch Menschen verbrennen würde. Der Satz steht nun auf Hinweistafeln im Boden, die zum acht Meter tiefen Mahnmal **„Bibliothek"** führen. Dieses Mahnmal in der Platzmitte ist so gestaltet, dass genau 20 000 Bücher hineinpassen würden, gäbe es sie noch. Zugleich erinnert es aus traurigem Grund an eine in Fels gehauene Grabkammer, denn viele der Autoren und Autorinnen wurden tatsächlich von den Nationalsozialisten umgebracht. Das durch eine Glasplatte sichtbare Denkmal weist darauf hin, dass die Geschichte unter dem Pflaster, hinter den Mauern verborgen liegt und sich dem erschließt, der sie dort entdecken will und hinschaut.

Blickt man vom Mahnmal auf, erkennt man in der Ecke des Platzes die **St. Hedwigskathedrale**, die älteste katholische Kirche der Stadt nach der Reformation. Gebaut wurde sie von 1747 bis 1773 mit Spenden aus dem katholischen Europa. Der Innenraum der Kathedrale ist ein sehr kontemplativer Ort und steht mit seiner modernen Schlichtheit in scharfem Kontrast zum Berliner (evangelischen) Dom. Zunächst muss mancher allerdings seine Enttäuschung verwinden, dass hier kein Barockraum wartet, sondern ein konsequent im Stil der fünfziger Jahre neu aufgebauter Saal. In der Krypta befindet sich unter anderem das Grab des von den Nationalsozialisten zu Tode gebrachten Märtyrers Bernhard Lichtenberg. Eine Ausstellung im Vorraum erinnert an sein Leben, eine Tafel am inneren Eingang an seine Seligsprechung durch Papst Johannes Paul II. im Berliner Olympiastadion. Die Orgel ist eine Bonnerin: Sie stammt aus der bekannten Werkstatt von Johannes Klais.

Ebenfalls eine Bonnerin eröffnete rechts neben der Kirche in einem ehemaligen Bankgebäude eine sehenswerte Ausstellung: „Die Bundesregierung informiert über den Hauptstadtumzug". Hier befinden sich

Modelle und Karten der Berliner Innenstadt. Ihnen ist zu entnehmen, dass die Neubauten der letzten Jahre zusammengestellt eine respektable Stadt für sich ergeben würden.

Wendet man sich nun wieder den Linden zu, sieht man gegenüber dem Bebelplatz die heutige **Humboldt-Universität**, ursprünglich das Palais des Prinzen Heinrich, Bruder des Königs. Fertig gestellt 1766, beherbergt das Gebäude seit 1810 die älteste Berliner Universität. Neben Schleiermacher, Hegel, Fichte und anderen war es vor allem Wilhelm von Humboldt, der (nach heutigem Sprachgebrauch als Kulturminister) zur Gründung der Friedrich-Wilhelms-Universität entscheidend beitrug. Sein Bruder Alexander von Humboldt wertete zu der Zeit in Paris seine fünfjährige Südamerikareise aus und beförderte fast sämtliche Naturwissenschaften durch seine umfangreichen Arbeiten. Seine berühmten Vorlesungen über die physikalische Weltbeschreibung hielt er ab 1827 in der Singakademie. Beidseitig des Zuganges zur Universität schauen die Gebrüder heute aus Stein auf die Linden.

Gegenüber der Universität und der Oper steht mit der **Kommode** ein weiteres Haus der Wissenschaft. Heute Institutsgebäude, wurde es als Königliche Bibliothek nach einem (umgearbeiteten) Entwurf Fischer von Erlachs für die Wiener Hofburg errichtet. Der Entwurf kam in Wien erst Ende des neunzehnten Jahrhunderts zur endgültigen Ausführung, so dass hier seit 1784 eine Kopie steht, die älter ist als das Original.

Gleich an die Kommode schließt sich an der Ecke Unter den Linden das Palais jenes Wilhelm an, der hier als Kronprinz einzog, als preußischer König wohnen blieb und auch noch als erster deutscher Kaiser nach 1871 hier preußische Bescheidenheit an den Tag legte. Nur einmal musste Wilhelm das Haus verlassen: Während der Revolution 1848 zwang die Bevölkerung den verhassten „Kartätschenprinz" samt Militär zur Flucht. Was die gutmütigen Berliner nicht hinderte, in späteren Jahren „unserm Kaiser Wilhelm" zuzujubeln, etwa, wenn dieser fast täglich den Wachaufzug an der Neuen Wache vom Fenster aus verfolgte.

Neben dem Palais zeigt sich die Fassade des **Gouverneurshauses**, das dem Neubau der Rathauspassagen (neben dem Roten Rathaus) in den sechziger Jahren weichen und hierher umziehen musste. Bis zum Krieg stand an dieser Stelle das Niederländische Palais, in dem unter anderem der erste niederländische König Willem wohnte, als er bei seinen Verwandten in Berlin Zuflucht vor Napoleon suchte. In den Resten des

Gebäudes saß noch bis in die DDR-Zeiten hinein die Hausverwaltung der Hohenzollern.

Gegenüber säumt die **Staatsbibliothek Preußischer Kulturbesitz** die Linden. Dies ist das Haus 1, das Haus 2 steht am Kulturforum im ehemaligen Westen. Hier beginnt auch die eigentliche Straße Unter den Linden, von hier zurück bis zur Schlossbrücke bekam die Straße erst 1936 den Namen, zuvor hatte sie dort Platznamen.

Die heutige Straße Unter den Linden war ursprünglich der Reitpfad der Kurfürsten in ihren Jagdgrund, den Tiergarten. 1647 ließ der Große Kurfürst, vielleicht nicht ohne Zutun seiner ihm frisch angetrauten Gemahlin Luise Henriette, sechs Reihen Nuss- und Lindenbäume pflanzen. Damals weilte das Paar auf den brandenburgischen Besitzungen in Kleve. Von dort, aus den holländisch geprägten Gärten des dortigen Statthalters Maurits von Nassau, kam die Order. Die berühmten Linden wären also ohne den niederländischen Einfluss auf Brandenburg nicht denkbar.

An der Kreuzung Linden und Friedrichstraße befanden sich linker Hand vor der Friedrichstraße das Café „Bauer", dahinter das Café „Kranzler", rechts vor der Kreuzung das Café „Victoria". An der Stelle des Café „Bauer" bietet nun das neu erbaute „Lindencorso" nicht Kaffeehauskultur, wie es noch der Vorgängerbau aus DDR-Zeiten tat, sondern Automobile verschiedenster Hersteller, die eines gemeinsam haben: die Zentrale in Wolfsburg. An der Stelle des von dem aus Wien zugewanderten Zuckerbäcker Johann Kranzler 1834 hier eingerichteten Cafés entstand in der Honecker-Zeit das Grand Hotel. Der einzige Altbau der ehemals belebtesten Kreuzung Berlins ist das Haus der Schweiz aus den dreißiger Jahren.

Auf dem Weg zur Glinkastraße passiert man Unter den Linden das Hauptstadtstudio des ZDF im 1913 erbauten Zollernhof. Gegenüber, zur Behrenstraße hin, sieht man die schmucklose Rückseite der **Komischen Oper**, deren reich verzierter Saal aus dem neunzehnten Jahrhundert erhalten ist. Das Haus soll umbaut werden. Bekannt sind insbesondere Harry Kupfers Inszenierungen.

Jenseits der Neustädtischen Kirchstraße befinden sich rechts Büros des Bundestages im umgebauten ehemaligen Außenhandelsministerium der DDR. Schräg gegenüber schuf man mit Steinen der Hitlerschen Neuen Reichskanzlei in den fünfziger Jahren die sowjetische Botschaft, heute die **russische Botschaft**. Die Keimzelle des Grundstücks kaufte Zar Nikolaus schon 1817 zum Zwecke der Vertretung seiner Interessen.

Zwei Häuser weiter, an der Ecke zur Wilhelmstraße, steht das erste fertig gestellte Berliner Domizil des Bundestages. Das ehemalige Ministerium für Volksbildung von Ministerin Margot Honecker wurde komplett umgebaut. Anders als in Bonn gibt es auch in diesem Berliner Gebäude des Bundestages eine Mischung aus öffentlichem und parlamentarischem Leben: Geschäfte haben sich einmieten können, und das Café-Restaurant „Lebensart" bietet modern-leichte Küche.

Gegenüber ersetzen Ungarn und Polen ihre Sechziger-Jahre-Bauten durch gänzlich neue Botschaftsgebäude; die neue britische Botschaft steht gleich links in der Wilhelmstraße.

Mit Überschreiten der Wilhelmstraße erreicht dieser Spaziergang seinen Endpunkt, den **Pariser Platz**. Die Linden enden links mit dem Hotel **Adlon**, das unter Einbeziehung des Originalgrundstückes in vergrößerter und neuer Form wieder erstand. Genau wie das erwähnte Bundestagshaus nimmt auch das neue Adlon mit Sandsteinfarben und kupfergrünem Dach Bezug auf das einzig erhaltene Gebäude der barocken Platzanlage, das **Brandenburger Tor**. Der Pariser Platz illustriert in seiner neuen alten Gestalt die Überschrift des Bauens im Neuen Berlin: Es ging auch hier um die „kritische Rekonstruktion" der Stadt. Die beiden Häuser links und rechts des Tores dokumentieren den Gehalt dieser Schlagzeile ebensogut wie die geplante neue französische Botschaft am nördlichen Platzrand. Es entstanden und entstehen Häuser, die zwar mit gleichem Grundstück und gleicher Größe die Vorkriegssituation wiederherstellen, doch als Neubauten erkennbar sein sollen. Natursteinfassaden statt verputzter Stuckfronten bekleiden den Betonguss im Inneren. Eine alt wirkende Fassade wäre eine Leugnung der Geschichte von Krieg und Teilung.

Die Häuser links und rechts vom Tor heißen wie die Vorgängerbauten **Haus Sommer** und **Haus Liebermann**. Der berühmte Maler Max Liebermann antwortete auf die Frage nach seinem Wohnort meist: „Wenn Se nach Balin rinkomm', gleich links!" Noch in den zwanziger Jahren wurde also sehr bewusst wahrgenommen, dass das alte Berlin östlich des Brandenburger Tores liegt. Deshalb fuhr die Quadriga des Bildhauers Schadow auch immer schon in die Stadt hinein. Ursprünglich hatte Johann Gottfried Schadow sie als Friedensgöttin entworfen, die den

Frieden in die Stadt hineinbringen sollte. Die Neubauten am Tor entwarf der Architekt Josef Paul Kleihues, der mit seinen städtebaulichen Leitsätzen wie kein anderer – auch in seiner Eigenschaft als Neubaudirektor der Internationalen Bauausstellung 1987 – das Neue Berlin geprägt hat. Bezüglich der beiden Häuser am Tor wurde ihm von einigen zu viel Nähe zum historisierenden Bauen vorgeworfen, da sich sogar die Fensteröffnungen an denselben Stellen wie vor dem Kriege befinden. Die Neubauten stehen jedoch anders als ihre Vorgänger leicht abgerückt vom Tor. Im Sockelgeschoss hat Kleihues das Relief der Säulen des Tores in verkleinertem Maßstab quer gelegt. Dadurch wirken die Häuser, ohne dass man es merkt, etwas gedrungener und breiter, das Tor dagegen höher. Auch hier war Respekt vor dem Wahrzeichen Berlins die Maxime. Die unpassende Situation eines frei stehenden Tores – dazu noch ummauert von den Grenzanlagen der DDR – ist aufgehoben, denn durch die Neubauten ist das Tor wieder als solches erlebbar. Allerdings wird das Tor mit Sponsorengeldern bis 2002 saniert und ist in dieser Zeit nur als Bild auf dem Gerüst erkennbar.

Auch wenn das Brandenburger Tor oft als Triumphbogen benutzt wurde, war es zunächst nichts anderes als eines der Berliner Stadttore der Zollmauer, welche Berlin von 1734 bis 1866 umspannte. Die schlichte Vorgängeranlage – zwei Zollhäuser mit Säulen – wurde bis 1791 durch diesen von Carl Gotthard Langhans entworfenen Bau ersetzt. Ein Grund für die Neugestaltung des dann prächtigsten der Berliner Stadttore war die Wegführung der Könige. Über die Linden ging es hinaus zum Jagen in den Tiergarten, zum Exerzierplatz in den Spreebogen oder zum Schloss Charlottenburg. Die Hohenzollern wollten für sich und ihre Gäste ein angemessenes Entree zur Stadt.

Damit endet der vorgeschlagene Spaziergang am berühmtesten Berliner Bauwerk, zugleich ein Symbol für ganz Deutschland, sowohl für die Teilung als auch für den Fall der Mauer.

Der Deutsche Bundestag hat im Juni 1999 entschieden, hier in der Nähe, südlich der Behrenstraße, ein Denkmal zu errichten. Es soll an den Völkermord an den Juden Europas durch eine deutsche Regierung erinnern und damit eine aus der Vergangenheit erwachsende Grundlage aktueller deutscher Politik sichtbar machen.

Nun kann man ab Pariser Platz den Bus 100 zurück zum Alexanderplatz benutzen oder mit ihm in Gegenrichtung zum Bahnhof Zoo fahren.

Alternativ steigt man in die unterirdische S-Bahn hinab und fährt eine Station bis **Friedrichstraße**. Folgt man von dort der Stadtbahn zu Fuß ostwärts entlang der Georgenstraße, kann man in einem typisch Berliner Ambiente essen: in einem Stadtbahnbogen. Als Restaurants bieten sich hier an: „Zur Nolle" oder „Deponie" mit leichter Berliner Küche und gegenüber vom Pergamonmuseum das mit Fresken ausgemalte „Zwölf Apostel", bekannt für die großen Pizzen.

Auch nördlich der Spree liegen in günstiger Entfernung Restaurants. Am Schiffbauerdamm Richtung Albrechtstraße findet man unter anderem das „Ganymed" und die „Ständige Vertretung" des Bonner Umzugsgegners und Prominentenwirtes Drautzburg – die als eine Art rheinische Botschaft funktioniert.

Das abendliche Kulturangebot Berlins hat hier einen seiner Schwerpunkte. Ebenfalls am Schiffbauerdamm befindet sich das **Berliner Ensemble**, in dem nicht nur zu Brechts Zeiten Theatergeschichte geschrieben wurde. Leichtere Muse bietet gleich um die Ecke mit dem **Friedrichstadtpalast** Europas größtes Revuetheater (allerdings oft ausverkauft). Der Tränenpalast am Bahnhof, früher die Kontrollstelle für die Ausreise aus Ost-Berlin, hat ein sehr vielfältiges Angebot – von Konzerten über Partys bis zu Kabarett. Auch das frühere Operettenhaus **Metropoltheater** gegenüber soll mit neuem Inhalt wieder eröffnet werden.

2. Tag: Vom Regierungsviertel zum Zoo

Vormittag:
Wo Berlin zusammenwächst – Reichstag bis Potsdamer Platz

Ausgangspunkt dieses Spazierganges ist der Endpunkt des vorangegangenen: der S-Bahnhof Unter den Linden am **Pariser Platz** (S-Bahnlinien 1, 2, 25). Von hier kommend, wendet man sich hinter dem **Brandenburger Tor** nach rechts Richtung **Reichstagsgebäude**.

Sogleich wird deutlich, dass sich das deutsche Parlament außerhalb der alten Mauern der kaiserlichen Residenzstadt befindet. Das ist kein Zufall, sondern Ausdruck der Missachtung des Parlamentarismus durch die beiden deutschen Kaiser namens Wilhelm. Auch die mächtige Kuppel des 1894 fertig gestellten Baus fand bei ihnen keinen Beifall. Wilhelm II. überwarf sich unter anderem deshalb mit dem Architekten Wallot.

Zwischen Brandenburger Tor und Spree befinden sich Markierungen im Boden, die den früheren Standort der westlichen Mauer der DDR anzeigen. Die hiesige Mauer gehörte zum Pflichtprogramm von Staatsbesuchern im Westteil der Stadt, die von einem Reichstagsbalkon aus über den Grenzstreifen hinweg in den Osten schauen konnten. Von der Westseite des Reichstages aus rief der Sozialdemokrat Philipp Scheidemann am 9. November 1918 um 14 Uhr die erste deutsche Republik, die so genannte Weimarer Republik, aus. Auf derselben Seite weht heute die Flagge der deutschen Einheit. Der Flaggenmast ist das einzige „Monument" in der Hauptstadt, das an den 3. Oktober 1990 erinnert. Mehrere hunderttausend Menschen hatten sich auf dem Platz der Republik vor dem Reichstagsgebäude versammelt, dazu die gesamte deutsche Staatsspitze auf den Stufen und der Vorfahrt. Um 0 Uhr wurde Deutschland wieder vereinigt. Bundespräsident Richard von Weizsäcker sprach, das Deutschlandlied wurde gesungen, ein Feuerwerk setzte ein und an ebenjenem Mast wurde die Flagge gehisst.

Heute gelangt man über das Westportal in das Innere des Deutschen Bundestages (geöffnet von 8 bis 22 Uhr). Zwei Lifte befördern die zahlreichen Besucher auf die Dachterrasse. Von hier aus hat man einen gu-

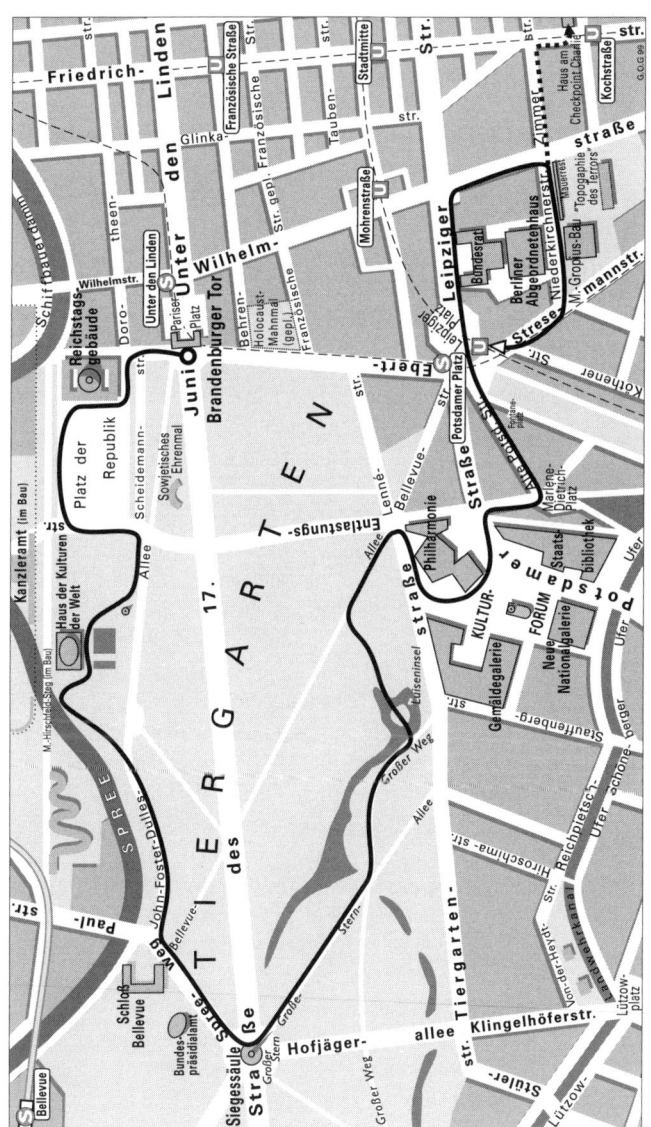

ten Blick auf die Berliner Innenstadt. Die neue Kuppel des Reichstagsgebäudes ist ein Berliner Wahrzeichen geworden. Im Inneren führen zwei
Rampen zur stumpfen Oberfläche eines Zylinders, auf dem sich eine
Aussichtsplattform befindet. Der Zylinder läuft auf die Mitte des Plenarsaales zu und dient mit seinen 360 verschwenkbaren Spiegeln unter
anderem zur Beleuchtung des Saales. Ganze 95 Prozent des Tageslichtes
werden in das Innere des Hauses gelenkt. Mit dieser und anderen Maßnahmen ist der Deutsche Bundestag durch den Umbau des Briten Sir
Norman Foster ein ökologisches Vorzeigeparlament geworden. Die begehbare Dachterrasse und Kuppel sind zudem Symbol für eine transparente Demokratie, in der ein alter Traum wahr wird: Die Bürger können den Gesetzgebern täglich aufs Dach steigen.

Vor dem Reichstagsgebäude wird der Platz der Republik wiederhergestellt, nachdem auf einer Großbaustelle unter anderem die Tunnel für
die Nord-Süd-Verbindung der Fernbahn und für die Bundesstraße 96
entstanden.

Unser Weg führt vom Westportal des Bundestages nach rechts zur
Paul-Löbe-Allee, wo das gleichnamige Haus des Architekten Stephan
Braunfels in die Höhe ragt. Es wird unter anderem von den über 20 Bundestagsausschüssen genutzt, die erstmals auch über Besuchertribünen
verfügen.

Die Straße führt uns nach links zum **Bundeskanzleramt** an der Willy-
Brandt-Straße. Jener 36 Meter hohe Bau der Berliner Architekten Axel
Schultes und Charlotte Frank bildet zusammen mit dem Kanzlergarten
das westliche Ende vom Band des Bundes. Dieser nördlich des Bundestages liegende Riegel erstreckt sich symbolisch vom ehemaligen Ostteil der Stadt im Bezirk Mitte mit Brücken über den Fluss, und damit über
die ehemalige Grenze hinweg, Richtung Westen.

Der Sitz der Regierung, das Kanzleramt, ist der einzige komplette Neubau der Regierung in Berlin. Fast alle Ministerien sind in Altbauten untergebracht, die höchstens erweitert wurden. Nur das Innenministerium residiert ebenfalls in einem Neubau, einem imposanten Bürogebäude im
Spreebogen Moabit, doch dies zur Miete.

Nördlich des Kanzleramtes steht als letztes Haus des früheren Alsenviertels die Schweizer Botschaft – die hier erstmals 1919 einzog. Dahinter wächst der neue **Lehrter Zentralbahnhof**; dort wird es zum ersten
Mal in der über 160-jährigen Berliner Bahngeschichte eine direkte Um-

steigemöglichkeit von der Ost-West-Trasse (der Stadtbahn) zu einer neuen durchgängigen Nord-Süd-Fernbahnverbindung (im Tunnel) geben.

Südlich des „Auges des Kanzlers", wie die charakteristische Öffnung im Kanzleramt auch genannt wird, führt rechts die John-Foster-Dulles-Allee zur **ehemaligen Kongresshalle**, der „Schwangeren Auster". Vorbei am Granitturm des Carillons, des Glockenspiels, erreicht man dieses schwungvolle Gebäude, ein Exponat der Interbau 1957 und ein Geschenk des US-amerikanischen Volkes an die Berliner. 1980 stürzte die Deckenkonstruktion ein; ein Journalist wurde dabei erschlagen. Man baute das Haus wieder auf, obwohl die Kongresse mittlerweile im ICC am Funkturm stattfanden. Heute hat hier das Haus der Kulturen der Welt seinen Sitz. Es bietet gerade jene Kultur an, die auf dem kommerzialisierten, anglo-amerikanisch geprägten „Kulturmarkt" sonst wenig Chancen hätte.

Anstelle der „Schwangeren Auster" standen hier vor dem Krieg unter anderem das Wohnhaus der Bettina von Arnim und das erste sexualwissenschaftliche Institut der Welt, von Dr. Magnus Hirschfeld gegründet und von den Nationalsozialisten zerschlagen. Eine rostige Stele links der Kongresshalle erinnert am Spreeufer an das Institut.

Folgt man dem Ufer, erkennt man auf der anderen Flussseite die „**Wohnschlange**" des Berliner Architekten Bumiller. Der gewellte Komplex windet sich – wie die Spree – in Kurven und versucht damit, möglichst viel Licht für die Bewohner einzufangen. Die Wohnungen sind vor allem für Abgeordnete und Bundesbedienstete gedacht.

An der Lutherbrücke gelangt man linker Hand zum **Schloss Bellevue**. Es wurde für den jüngsten Bruder Friedrich II., den preußischen Prinzen August Ferdinand, 1785 errichtet. Seit den fünfziger Jahren diente es als Berliner Amtssitz der Bundespräsidenten, seit 1994 ist es der Hauptsitz des Präsidenten. Richard von Weizsäcker bestimmte, dass der Präsident als erstes Verfassungsorgan den anderen Bundesinstitutionen voran nach Berlin zu gehen habe. Die meisten Mitarbeiter konnten aber erst im Herbst 1998 in das neue **Präsidialamt**, das so genannte „Präsidentenei", ziehen. Dieses ovale Gebäude südlich des Schlosses soll sich mit seinem schwarzen Granit möglichst unauffällig zwischen die Bäume des Tiergartens schmiegen. Der Spreeweg führt an ihm vorbei zum Großen Stern, in dessen Mitte die **Siegessäule** von den preußischen Siegen über Österreich, Dänemark und Frankreich in den Einigungskriegen bis 1871 kündet. Ursprünglich stand die etwas zu kurz geratene Säule vor dem Reichstag. Albert Speer, Chefarchitekt Hitlers, ließ die Siegessäule 1938 aufstocken und hierher versetzen – übrigens zusammen mit den Denkmalen für Bismarck und die Generalfeldmarschälle Roon und Moltke rechter Hand. Speer wollte vor dem Reichstag Platz schaffen für seine gigantischen und größenwahnsinnigen Planungen für die „Reichshauptstadt Germania" – so wollte man Berlin 1950 umtaufen.

In den 1990ern bekam die „Goldelse", wie die Statue der Siegesgöttin Viktoria genannt wird, als Mittelpunkt der Lovepalade, der großen Techno-Massenveranstaltung, eine neue Funktion. Von der Spitze der Siegessäule aus kann man über den Tiergarten hinweg auf Berlin schauen. Dabei wird deutlich, dass der **Tiergarten** die grüne Lunge der Stadt ist. An warmen Sommerabenden ist es unter den Bäumen bis zu fünf Grad kälter als auf den versiegelten Stadtflächen ringsum. Dadurch entsteht eine Luftaustauschbewegung am Rande des Parks, vergleichbar der steten Brise am Meer. Für die Belüftung der Stadt ist das von enormer Bedeutung. Dafür nachteilig ist die Verbreiterung der Straßen durch den Tiergarten, die, zu Speers Zeiten begonnen, nach dem Krieg noch fortgesetzt wurde. Wenigstens eine der Straßen verschwindet nun größtenteils: Die erwähnte B 96 wird im Zuge der Entlastungsstraße als Tunnel unter den Park gelegt.

Von der Siegessäule aus folgen wir der autofreien Große-Stern-Allee, zwischen dem östlichen Ende der Straße des 17. Juni und der Hofjägerallee gelegen. Kurz bevor diese Allee über ein Wasser geführt wird, wenden wir uns nach links auf den Großen Weg. Sogleich folgt eine Brücke. Links im Wasser liegt dann die Rousseau-Insel mit der weißen Steinstele, dahinter am anderen Ufer das Denkmal für den Berliner Komponisten Albert Lortzing. Rechts erinnert ein wenig abseits das Baumdankmal (sic!) an die Wiederaufpflanzung des Tiergartens nach dem Weltkrieg, als von den über 200 000 Bäumen des Parkes gerade 700 Krieg und Winterabholzung überlebt hatten. Der Große Weg führt weiter in einem Bogen zum Ahornsteig. Dort erkennt man gleich links die **Luiseninsel**, eine der harmonischsten Ecken des Tiergartens.

Die Gestaltung des Tiergartens zum englischen Landschaftsgarten übernahm der bedeutendste preußische Gartenbauarchitekt, Peter Joseph Lenné. Der gebürtige Bonner schloss diese Arbeit im wesentlichen 1838 ab und hatte damit den einstigen königlichen Jagdgrund dem

Volke zugänglich gemacht. Die segensreiche Bonn-Berliner Zusammenarbeit hat also eine lange Tradition. Auf der Luiseninsel korrespondiert das Standbild der beliebtesten preußischen Königin mit dem ihres Gemahls, König Friedrich Wilhelm III., auf dem gegenüberliegenden Ufer. Unser Weg führt aber weiter den Ahornsteig entlang und folgt dann rechts der breiten Bellevueallee zur Tiergartenstraße. Hier führen zukünftig große Rampen einen Teil des unterirdischen Verkehrs der B 96 ans Tageslicht. Auf der anderen Straßenseite blickt die neue gläserne Europazentrale des Sony-Konzerns, von Köln nach Berlin gezogen, über den Tiergarten.

Überquert man die Tiergartenstraße und wendet sich nach rechts, gelangt man am **Musikinstrumentenmuseum** vorbei zur Herbert-von-Karajan-Straße, benannt nach einem der legendären Dirigenten des hier heimischen weltberühmten Orchesters, und entsprechend dann zur zeltartigen Philharmonie, früher „Zirkus Karajani" genannt. Unweit der Straßenecke erinnert eine Metalltafel im Boden an die Adresse Tiergartenstraße 4. „T 4" war das Synonym für das nationalsozialistische Euthanasieprogramm, das von hier aus gelenkt wurde.

Die **Philharmonie** des Architekten Hans Scharoun enthält den schönsten Konzertsaal der Stadt, die Ränge gruppieren sich terrassenartig um die Musiker, die Akustik ist bemerkenswert. Die Philharmonie gehört wie auch das erwähnte Museum, der angrenzende **Kammermusiksaal** des Scharoun-Schülers Wisniewski und das gegenüberliegende **Kunstgewerbemuseum** mit der Backsteinfassade zum **Kulturforum**.

Einen zentralen Punkt des Kulturforums bildet die von August Stüler entworfene **Matthäikirche** von 1846. Rechts davon geht es über eine schräge Steinfläche zum **Kupferstichkabinett** und zur neuen **Gemäldegalerie** der Architekten Hilmer und Sattler. Die neue Gemäldegalerie wurde im Juni 1998 eröffnet und vor allem ihrer Innengestaltung wegen gelobt, welche wirklich den Kunstwerken dient. Links hinter der Matthäikirche, deren Turm man erklimmen kann, befindet sich der schlichte und elegante Bau der **Neuen Nationalgalerie**. Der größte Teil der Nutzfläche liegt im Sockelgeschoss, dort ist auch die ständige Sammlung zu besichtigen. Der Glasaufsatz dient vor allem Wechselausstellungen. Die Neue Nationalgalerie ist der einzige deutsche Nachkriegsbau von Ludwig Mies van der Rohe, dem ehemaligen Direktor des Bauhauses, den die Nationalsozialisten zur Emigration (in die USA) gezwungen hatten.

Gegen Osten schließt die **Staatsbibliothek Preußischer Kulturbesitz**, ebenfalls ein Bau von Hans Scharoun, das Kulturforum ab. Dieses ist das Haus 2; der Altbau steht, wie oben erwähnt, Unter den Linden im ehemaligen Ostteil. Scharoun hatte auch für die Mitte des Forums Pläne, vor allem ein Gästehaus war vorgesehen. Es ist bis heute nicht gelungen, die Planungen zu Ende zu führen. Provisorisch schmücken einige Plastiken und Götterbäume die Mitte.

Durch das Kulturforum führt eine breite Autoschneise, die Potsdamer Straße, sie führt uns nach links zu den Neubauten am **Potsdamer Platz**. Auf der linken Straßenseite hat der japanische Sony-Konzern 1,6 Milliarden Mark in das nach ihm benannte Center des Architekten Helmut Jahn investiert. Das **Sony Center** wird überspannt von einem gewaltigen Dach, unter dem sich das Leben des Viertels abspielt. Der Komplex mündet im höchsten Haus am Platz, dem 103 Meter hohen, gerundeten Glasturm am eigentlichen Potsdamer Platz, seit Sommer 2000 Sitz der Konzernleitung der Deutschen Bahn. Man erkennt, dass das Sony Center sich nach innen wendet. Dasselbe gilt für das **DaimlerChrysler-Quartier** auf der anderen Straßenseite: Das Zentrum ist hier der Marlene-Dietrich-Platz, ebenfalls im Inneren des Geländes. Der mythenumrankte alte Potsdamer Platz ist heute eigentlich eine Kreuzung, die von zwei neuen Quartieren mit jeweils internem Zentrum flankiert ist.

Im Sony Center gibt es unter anderem ein Kino-Zentrum mit acht Leinwänden. Zur Potsdamer Straße hin entstand das Filmhaus Berlin mit zwei Kinos für alte Filme. Bei Daimler gegenüber findet man das größte deutsche Cinemaxx mit neunzehn Leinwänden und – wie bei Sony auch – ein Imax-Kino, bekannt für Drei-D-Naturfilme.

Kein Wunder, dass seit 2000 die Filmfestspiele, die Berlinale, hier eröffnet werden, und zwar im **Musical-Theater** am Marlene-Dietrich-Platz auf dem DaimlerChrysler-Gelände. Hier hatte am 5. Juni 1999 ein Musical mit typisch Berliner Thematik („Der Glöckner von Notre-Dame") als erstes Disney-Musical außerhalb der USA Premiere. Gegenüber lässt man sein Geld in Deutschlands größter Spielbank, die vom Bahnhof Zoo zur Eröffnung der Daimler-Stadt am 3. Oktober 1998 hierher zog. Das Grand-Hyatt-Hotel, Büro- und Wohngebäude und eine Einkaufspassage mit über hundert Läden, die bewusst alle Branchen vertreten sollen, vervollständigen das Areal. Als erste eingezogen in das Vier-Milliarden-Mark-Projekt ist die Debis-Zentrale. Sie sitzt bereits seit Oktober 1997 in dem gelben Hochhaus am Landwehrkanal, auf dem weithin sichtbar das grüne, würfelförmige Debis-Logo prangt. Entworfen wurde der Bau von dem Architekten Renzo Piano aus Genua, der auch die Gesamtleitung der Planungen für das Areal übernahm. Er und seine Kollegen aus Deutschland, Japan, Spanien und England haben meist warm wirkendes Fassadenmaterial eingesetzt, einen Schamottstein, der von dem Investor gern als Terrakotta bezeichnet wird. Ein Wasserlauf durchzieht das Daimler-Areal. In der Alten Potsdamer Straße geht es unter großen Bäumen hindurch, die die Bauarbeiten vor Ort überstanden haben, am **Weinhaus Huth** vorbei. Es stammt aus dem Jahre 1912 und ist der einzige Altbau auf dem Gelände.

Am Ende der Alten Potsdamer Straße erreicht man nun die Kreuzung, die an sich den viel zitierten Potsdamer Platz darstellt. Auffällig sind die Zugangsgebäude zum zukünftigen Regionalbahnhof. Auf der anderen Platzseite stand hier bis 1866 das Potsdamer Tor der Zollmauer; die Schinkelschen Torhäuser waren bis zum Weltkrieg erhalten. Stadteinwärts geht es nun auf den **Leipziger Platz**, an dem – neben anderen Neubauten – das als erstes fertig gestellte Haus, das Mosse-Palais, in Höhe und Breite schon anzeigt, wie der Platz wieder auferstehen soll. Auch er wird „kritisch rekonstruiert" – angelegt als Achteck, also so wie im achtzehnten Jahrhundert. Die Platzrandbebauung wird allerdings modern sein, nur die Grundstücksbreiten entsprechen meist dem Vorkriegszustand. Bis Ende 2000 stand noch die knallrote Info Box mitten auf dem Leipziger Platz und gab Auskunft über die Großbaustellen.

Ein Stück in die Leipziger Straße hinein sitzt der Bundesrat, der in den **ehemaligen Preußischen Staatsrat**, zur Kaiserzeit als Herrenhaus erbaut, einzieht. Zwischen 1921 und 1933 ist der Präsident dieser Kammer des Preußischen Landtages ein gewisser Konrad Adenauer gewesen, damals Oberbürgermeister von Köln.

Folgt man der Leipziger Straße weiter, stößt man auf die Wilhelmstraße. Linker Hand führte diese zur Reichskanzlei. Hier war seit Bismarcks Zeiten die deutsche Regierungsstraße schlechthin gewachsen. Im so genannten Führerbunker jenseits der Voßstraße nahm sich Hitler 1945 das Leben. Bauliche Reste der Reichskanzlei sind nicht erhalten.

Rechter Hand folgen wir der Wilhelmstraße, herum um das **Detlef-Rohwedder-Haus**, das ehemalige Reichsluftfahrtministerium, von Ernst Sagebiel erbaut und zur Olympiade 1936 eingeweiht. An der Ecke Leipziger Straße/Wilhelmstraße demonstrierten am 16. und 17. Juni 1953 empörte Arbeiter gegen die Regierung der DDR. Nun erinnert hier ein Denkmal an den ersten Volksaufstand im Ostblock. Das in den Boden eingelassene Bild der Demonstranten ist die Antwort auf den 1952 entstandenen Wandfries aus Meißner Kacheln im Eingangsbereich an der Ecke. Dieser zeigt Szenen aus den Aufbaujahren der DDR und erinnert an die Nutzung des Hauses durch die Regierung der DDR. Nach 1990 war das Gebäude Sitz der Treuhandanstalt, jetzt ist es Bundesfinanzministerium.

An der nächsten Ecke ist ein Abstecher nach links die Zimmerstraße entlang bis zur Friedrichstraße lohnenswert. Hier sind auf dem Gelände des ehemaligen Checkpoint Charlie neue Geschäftsbauten entstanden, und im **Haus am Checkpoint Charlie** werden Dokumente zur Berliner Mauer ausgestellt.

Von hier zurückgekehrt, wenden wir uns vom Finanzministerium aus gesehen nach rechts in die Niederkirchnerstraße und gehen an einem Rest der Mauer der DDR entlang. Hinter der Mauer informiert die Stiftung **„Topographie des Terrors"** in beeindruckender Weise über die Nutzung des Geländes durch die Reichsführung der Waffen-SS und das Gestapa (Geheimes Staatspolizeiamt) zur Zeit des Faschismus. Ein Neubau des Schweizer Architekten Peter Zumthor soll die Ausstellung aufnehmen.

Am Ende des Mauerrestes dient linker Hand der **Martin-Gropius-Bau** heute großen Wechselausstellungen. Benannt nach seinem Architekten, wurde dieser letzte Bau der Schinkelschule 1881 als Kunstgewerbemuseum eröffnet.

Gegenüber wurde 1899 der **Preußische Landtag** fertig gestellt. Hier saß die zweite Kammer, das Abgeordnetenhaus. Auch heute sitzt hier das Abgeordnetenhaus, denn 1993 zog das Parlament des Bundeslandes Berlin vom Rathaus Schöneberg in die Stadtmitte. In diesem Bau wurde zum Jahreswechsel 1918/19 die Kommunistische Partei Deutschlands gegründet. Hier entschied kurz zuvor der Reichsrätekongress, allgemeine und freie Wahlen zu einer verfassunggebenden Versammlung auszuschreiben. Diese tagte dann in Weimar und beschloss dort die Verfassung der ersten deutschen Republik, deren Wiege sich also in Berlin befand.

Wenn man die letzten Meter des Spazierganges Revue passieren lässt, dann scheint auf, was hier nur angedeutet werden kann: Kaum eine Meile in Deutschland bietet in so dichter Form Kontakt zu den unterschiedlichsten Abschnitten der deutschen Geschichte der letzten hundert Jahre. Wer über den Zeitenlauf meditieren möchte, ist hier am rechten Ort.

Folgt man von hier aus der Stresemannstraße nach rechts, kommt man zurück zum Potsdamer Platz. In dem neu entstandenen Viertel gibt es zahlreiche Möglichkeiten, sich zu stärken und zu erholen.

Doch origineller und mit mehr Berlin-Flair lässt sich eine Ruhepause in Schöneberg – bereits auf dem Weg zum nachmittäglichen Rundgang – gestalten. Dazu kann man am Potsdamer Platz in die U-Bahnlinie 2 steigen und Richtung Ruhleben bis Nollendorfplatz fahren. Die Züge fahren als Hochbahn über den Landwehrkanal, das Gleisdreieck und am vom Fernsehen bekannten Bülowbogen vorbei bis zum Nollendorfplatz.

Vom dortigen Hochbahnhof führt die Maaßenstraße zum **Winterfeldtplatz**. Sehr lebendig ist dieses Stadtviertel, zahlreiche kleine Geschäfte – Drogerien und Lebensmittelmärkte ebenso wie Boutiquen – sowie Cafés und Restaurants sind hier zu finden. Mittwochs und samstags findet auf dem Winterfeldtplatz selbst ein beliebter Markt statt. Ebenfalls direkt am Platz (Winterfeldtplatz 24) lassen sich bei „Habibi" eine ausgezeichnete Falafel und frisch gepresste Gemüsesäfte genießen. In der Maaßenstraße 9 befindet sich das Restaurant „Lembach" – mit seinem Angebot aus Baden-Württemberg ist es typisch für Berlin. Die etwa 100 000 Berliner aus Schwaben und Baden stellen nach den Türken die zweitgrößte Zuwanderergruppe in der Stadt.

Noch mehr Berliner und Berlinerinnen sind schwul oder lesbisch. Ein Szeneschwerpunkt sind Motz- und Fuggerstraße hier in der Nähe des Nollendorfplatz, an denen allein über dreißig schwul-lesbische Einrichtungen zu finden sind, darunter in der Motzstraße 5 der Info-Laden „Mann-O-Meter". Aber auch in der Maaßenstraße trifft man sich. Zum Beispiel kann man im „Café Berio" in der Nummer 7 gepflegt „konditorn".

Ein steinerner Rosa Winkel an der Südwand des Bahnhofs Nollendorfplatz erinnert als Gedenktafel an die Verfolgung und Ermordung homosexueller Menschen durch die Faschisten.

Vom Bahnhof aus erreicht man mit den Linien 1 (Richtung Krumme Lanke), 15 (Uhlandstraße) oder 2 (Ruhleben) nach einer Station den Ausgangspunkt für den Nachmittagsspaziergang, U-Bahnhof Wittenbergplatz.

Nachmittag:
City West – Rund um den Kurfürstendamm

Ausgangspunkt ist der U-Bahnhof Wittenbergplatz. Wer hungrig ankommt und sich – ganz berlinerisch – nur mit einem Imbiss versorgen
will, dem sei „Fritz und Co." auf der Südostseite des Platzes empfohlen.
Hier werden vor den Augen der Kunden die Pommes frites aus ganzen
Kartoffeln geschnitten und mit Erdnusssauce oder anderem serviert.

Deutschlands ältester Untergrundbahnhof Wittenbergplatz wurde
1902 eröffnet und in den achtziger Jahren denkmalgetreu rekonstruiert. Hier im „feinen Westen" hatte man Geld für einen Tunnelbau. Die
ältesten U-Bahnhöfe Berlins sind eigentlich Hochbahnhöfe und wurden
einige Monate zuvor eröffnet.

Verlässt man den Bahnhof des bekanntesten U-Bahn-Architekten
der Stadt, Alfred Grenander, dann erblickt man Richtung Tauentzienstraße das **Kaufhaus des Westens**, kurz: KaDeWe. Es wurde 1907 westlich von Berlin eröffnet, denn dieses Gebiet war Teil der Stadt Charlottenburg, damals außerhalb Berlins gelegen und erst 1920 eingemeindet.
Heute liegt das KaDeWe im Bezirk Tempelhof-Schöneberg. Das KaDeWe
hat zum neunzigjährigen Jubiläum noch einmal erweitert und ist heute
mit über 60 000 Quadratmetern Verkaufsfläche das größte Kaufhaus
Europas. Es hat sogar Harrod's in London hinter sich gelassen. Nur das
GUM in Moskau ist größer, aber eben kein reines Warenhaus. Sehenswert sind im KaDeWe unter anderem die riesige Feinkostabteilung im
sechsten Stock sowie der Wintergarten mit Berlins bestem Selbstbedienungsrestaurant und einem Ausblick bis zur Reichstagskuppel.

Die **Tauentzienstraße** vor dem KaDeWe ist Berlins belebteste Straße
und zugleich diejenige mit den höchsten Umsätzen im Einzelhandel. Sie
gehört zum „Generalszug". Dieser breite Straßengürtel wurde zur Kaiserzeit nach dem Vorbild Pariser Boulevards angelegt und zieht sich durch
den ganzen Südwesten Berlins. Ursprünglich fuhr auf dem Mittelstreifen
eine Straßenbahn. Heute findet man hier unter anderem eine silbrige
Skulptur, allgemein als die „verschlungenen Därme" bekannt. Offiziell
heißt sie „Berlin" und wurde zum Stadtjubiläum 1987 aufgestellt. Das
Künstlerpaar Matschinsky-Denninghoff wollte mit den Chromnickel-Röhren die (damals) geteilte und doch zusammengehörige Stadt symbolisieren – zwei Jahre später war das Thema des Kunstwerkes zur Überra-

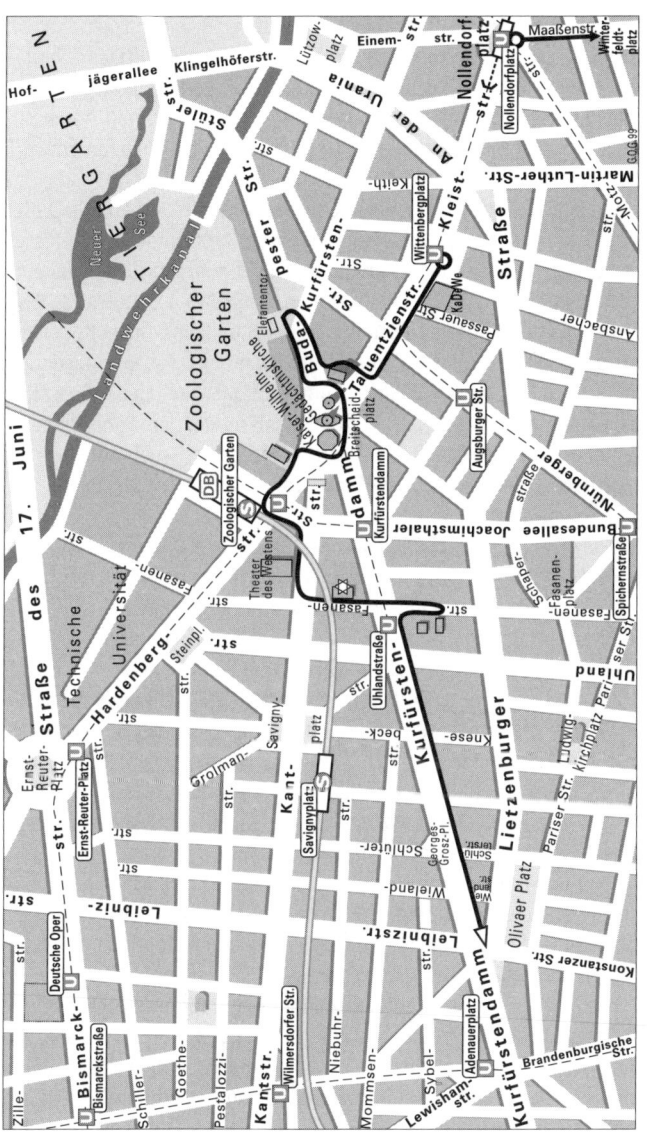

schung der meisten nicht mehr aktuell. Auf der linken Straßenseite fällt das neue Bekleidungskaufhaus „Peek & Cloppenburg" auf. Das Gebäude mit den gewellten Glasflächen, die aus der Fassade herauszufließen scheinen, stammt aus dem Architektenbüro von Gottfried Böhm aus Köln, der dort unter anderem auch die neuen WDR-Arkaden entwarf. Schräg gegenüber ist Nike Town neu eingezogen.

Ein Stück weiter dominiert das **Europacenter** die Umgebung. Dieses Hochhaus ist ebenfalls von Rheinländern geplant worden, vom Düsseldorfer Büro HPP. In den Untergeschossen befindet sich eines der heute noch beliebtesten Berliner Einkaufszentren. Bekannt ist die große Wasseruhr, die sich langsam füllt und zur vollen Stunde mit einem Ruck leert. An der Budapester Straße, auf der anderen Seite des Europacenters, befindet sich die größte Berliner Touristeninformation. Gegenüber steht ein ehemaliges Drei-D-Kino, das derzeit als Studio dem Fernsehen, darunter der Talkshow von Sabine Christiansen, dient. Rechts daneben, am Olof-Palme-Platz, lockt das **Elefantentor** in Deutschlands ältesten Zoologischen Garten.

Der belebteste Platz Berlins ist der **Breitscheidplatz** vor dem Europacenter. Rund um den „Wasserklops", den Weltkugelbrunnen von Joachim Schmettau, herrscht buntes Treiben, auch spätabends.

Abermals zeigt sich uns ein Beispiel für die engen Bindungen Berlins an das Rheinland: Die **Kaiser-Wilhelm-Gedächtniskirche** wurde bis 1896 dem Münster zu Bonn im romanischen Stil nachgebaut. Die Kirche sollte die engen Rheinbindungen Deutschlands demonstrieren. Den Rhein wünschte man sich gegen Frankreichs Ansprüche als deutschen Strom. Das äußerlich mittelalterlich wirkende Gotteshaus aus der Feder Franz Schwechtens war eine (evangelische!) Votivkirche für einen gerade verstorbenen Kaiser. Dieser Anachronismus stand für die politische Rückwärtsgewandtheit Wilhelm II. in einer sich rasant verändernden Welt technischen und gesellschaftlichen Fortschritts. Die Kaiser-Wilhelm-Gedächtniskirche illustrierte anschaulich den inneren Widerspruch der Hohenzollern-Herrschaft.

Nach dem Zweiten Weltkrieg wollten Behörden und Architekt den Turmrest der zerstörten Kirche zunächst sprengen. Heftige Proteste aus der Bevölkerung verhinderten das. Man wollte ein Stück des alten Berlin erhalten. Die Grundsteinlegung zum Wiederaufbau erfolgte 1959 durch den damaligen Chef des Hauses Hohenzollern. Damit ist die neue

Kaiser-Wilhelm-Gedächtniskirche von den ursprünglichen Intentionen her ein Monument der Bewahrung. Sie hat allerdings in den letzten Jahrzehnten einen Bedeutungswandel durchgemacht und gilt heute allgemein als „Gedächtniskirche", als Mahnmal gegen den Krieg. In den achtziger Jahren wurde dies mit der Öffnung der Gedenkhalle deutlich. Hier findet man das Nagelkreuz aus der Kathedrale von Coventry – eine der englischen Städte, die durch deutsche Fliegerbomben zerstört wurden. Außerdem enthält die Gedenkhalle ein Deckenmosaik aus der ursprünglichen Kirche, das die Hohenzollern darstellt, darunter den Namensgeber der Kirche Wilhelm I., seinen damals herrschenden Enkel Wilhelm II. und dessen Sohn und Kronprinz, der dann doch nicht mehr den Thron besteigen sollte.

Gelungen ist – besonders im Inneren – die neue schlichte Kirche von Egon Eiermann gegenüber. In dem wundervollen blauen Licht atmet man Ruhe, dem umgebenden Großstadtlärm zum Trotz. Über dem Altar scheint ein goldener Christus gleichzeitig am Kreuze zu hängen, aufzuerstehen und zu segnen.

Beim Verlassen der Kirche führt der Weg nach links, um das Haus herum, Richtung Zoopalast. Hier wurde bis 1999 die Berlinale eröffnet. Rechter Hand öffnet sich der Hardenbergplatz am Bahnhof Zoo. Im hinteren Bereich des Platzes befindet sich mit dem Löwentor ein zweiter Eingang zum artenreichsten **Zoologischen Garten** der Welt. Der Zoo ist gerade auch für Kinder empfehlenswert, man ist der relativen Enge wegen dicht an den Tieren dran. Der Tierpark in Friedrichsfelde samt Schloss ist mit seiner grünen Weitläufigkeit auch für Spaziergänge sehr geeignet. (Im Tiergarten zum Dritten bekommt man meist nur Tiere der eigenen Gattung zu sehen, dafür aber oft recht interessante Exemplare.)

Auch wenn rund um den Zoo in den letzten hundert Jahren die City West wuchs und hier das Menschengewühl groß ist: Ursprünglich lag der Zoologische Garten am (West-) Rand der Innenstadt, genauer gesagt, bei seiner Gründung 1844 sogar außerhalb Berlins. Berlin befand sich östlich des Tiergartens, der Zoo entstand hingegen westlich auf dem Gelände der königlichen Fasanerie.

Der Haupteingang war an der heutigen Lichtensteinbrücke, bis ab 1882 ein Ausflugsbahnhof auf der grünen Wiese, der heutige Bahnhof Zoo, entstand. Er wurde seit den dreißiger Jahren mehrfach umgebaut und hatte zu West-Berliner Zeiten die Funktion eines Hauptbahnhofes.

Nun ist er wieder, was er ursprünglich war: einer der Fernbahnhöfe der Stadtbahn. Berühmt wurde er nicht zuletzt durch das Buch und den Film „Wir Kinder vom Bahnhof Zoo" von Christiane F. Die Drogen- und Stricherszene spielt heute eine kleinere Rolle. Im Bahnhof werden „störende Menschengruppen" samt ihren Problemen kurzerhand des Gebäudes verwiesen – eine zwiespältige Entwicklung.

Vom Hardenbergplatz führt direkt südwärts die Joachimsthaler Straße zur Kantstraße. An dieser Ecke wurde 1996 von Beate Uhse das weltgrößte **Erotik-Museum** eröffnet und lockt mit einer beeindruckenden Sammlung von ostasiatischen Erotika, Zeichnungen von Heinrich Zille und anderen insgesamt über 5000 Exponaten.

Folgt man der Kantstraße nach rechts, liegt rechts hinter der Stadtbahn das **Theater des Westens**. Das Haus mit seiner über hundertjährigen Geschichte ist heute Berlins städtisches Musical-Theater. Gleich anschließend hat man die Delphi-Terrassen im Stil der zwanziger Jahre wieder hergerichtet; das gleichnamige Kino und der Musikklub „Quasimodo" im Keller sowie ein Restaurant bieten Alternativen zum Musical.

Hinter dem Delphi steht mit dem „Gürteltier" ein Neubau des Architekten Nicolas Grimshaw aus London. Das **Ludwig-Erhard-Haus** ist das neue Haus der Berliner Wirtschaft und beherbergt auch die Börse. Ein Blick in das futuristische Foyer lohnt sich. Clou des Baus ist aber die Konstruktion: Fünfzehn Stahlträger, große silbrige Rippen, tragen die neun Obergeschosse und sehen von oben aus wie der Panzer eines Gürteltieres.

Verlässt man das Haus und wendet sich nach links, unterquert die Fasanenstraße die Stadtbahn. Die Bögen der Stadtbahn werden hier eifrig genutzt. Unter anderem kann man im Lokal „Arc" essen und trinken. Jenseits der Bahn steht dann links das Gemeindehaus der jüdischen Gemeinde. Die hier befindliche Synagoge wurde am 9. November 1938 von den Nationalsozialisten zerstört. Ein erhaltener Teil des Portikus erinnert daran. Heute ist die jüdische Gemeinde Berlins mit über 12 000 Mitgliedern die größte des Landes. Vor 1933 zählte die Gemeinde jedoch über 175 000 Menschen.

Schräg gegenüber kämpft eine Hotel-Legende gegen die neue Konkurrenz. Das Traditionshaus Kempinski wurde 1953 als erster Nachkriegs-Hotelneubau eröffnet. Es war jahrelang das einzige Nobelhotel West-Berlins, hier stieg auch die zu den Filmfestspielen anreisende Hollywood-Prominenz ab.

Die Fasanenstraße überquert am Kempinski-Eck den Kurfürstendamm. Hier gibt es Antiquitäten, Schuhe und anderes: Exquisite Geschäfte wechseln sich im nächsten Abschnitt der Fasanenstraße mit Kultureinrichtungen ab. Villen aus der Mitte des letzten Jahrhunderts zeugen noch von der Originalbebauung der Gegend, die in den 1870er Jahren, vor dem Aufschwung des Kurfürstendammes, einen eher ländlichen Charakter zeigte. In einer der Villen hat das **Literaturhaus** seinen Sitz, welches nicht nur Lesungen bietet, sondern mit dem Wintergarten auch einen der ausgesuchtesten Plätze, um sich in der Nähe des Kurfürstendammes bei einem Kaffee auszuruhen. Gleich daneben stellt das **Käthe-Kollwitz-Museum** aus. Es hätte Käthe Kollwitz vielleicht ge- wundert, dass ihr Name hier im feinen Westen auftaucht, wo sie doch dem wesentlich weniger feinen Arbeiterbezirk Prenzlauer Berg verbunden war. Der Kunsthändler Pels-Leusden hat unter anderem eine umfangreiche Sammlung von Grafiken, Zeichnungen, Dokumenten und Plastiken der Kollwitz versammelt. Neben dem Kollwitz-Museum gibt es in der Villa Grisebach auch Kunstauktionen.

Zurück am **Kurfürstendamm**, biegen wir nach links auf Berlins elegan- testen Boulevard ein. Er trägt seinen Namen nicht zufällig. Über einen Knüppeldamm im märkischen Sumpf ritten die Kurfürsten zur Jagd in einen großen wildreichen Wald am östlichen Havelufer. Der jagdbegeisterte Kurfürst Joachim II. ließ sich dort ab 1542 ein Domizil errichten, das „Zum grünen Wald" genannt wurde und als Jagdschloss Grunewald auch heute einen Besuch lohnt. Dreihundert Jahre später ließ sich Fürst Bismarck in der neu gegründeten Villenkolonie am Nordrand des Waldes nieder. Der Stadtteil Grunewald ist heute der teuerste der Hauptstadt. Zahlreiche große Villen zeugen von Reichtum und Prominenz der Eigentümer. Der Weg dorthin wurde nach dem Wunsche Bismarcks als breiter Boulevard ausgewiesen und bebaut. Die neuen Häuser des Kurfürstendammes waren prächtige Wohnhäuser, in deren Sockelzonen sich Geschäfte niederließen, die den Bedürfnissen der wohlhabenden Bewohner des feinen Berliner Westens entgegenkamen. An den Ecken Wieland- oder Leibnizstraße kann man noch die Pracht finden, mit denen die Häuser dem Repräsentationsbedürfnis des ausgehenden neunzehnten Jahrhunderts entsprachen. Die Straßenecken wurden in der Regel durch Turmaufbauten betont. Nach der Wiedervereinigung hat der Ku'damm, wie er ländlich anlautend liebevoll genannt wird, nicht etwa an Attraktivität auf Kosten der Friedrichstraße verloren. Im Gegenteil: So teuer wie heute war er schon lange nicht mehr. Investitionen am Ku'damm lohnen sich.

Hinter dem „Café Kranzler" an der Joachimsthaler Straße drückt ein neues Hochhaus des Architekten Helmut Jahn auf die Eckbebauung der fünfziger Jahre. Derselbe zeichnet auch verantwortlich für die Planung des schmalsten Bürohauses in der Stadt: Am Kurfürstendamm 70, zum Adenauerplatz hin, entstand ein Gebäude auf einem nur 4 Meter breiten Grundstück.

Doch zurück zum Kranzler-Eck: Gegenüber dem zwischenzeitlich geschlossenen Traditionscafé wurde das Ku'damm-Eck abgerissen und durch einen Neubau mit Hotelnutzung ersetzt. Auch gegenüber dem Bahnhof Zoo soll ein neues Turmhaus entstehen.

Zwischen Uhland- und Knesebeckstraße wurde ein schon bestehendes Hochhaus aufwendig grundsaniert. Es steht inmitten des so genannten **Ku'damm-Karrees**. Zu diesem gehören die **Komödie** und das **Theater am Kurfürstendamm** mit ihrem Boulevard-Programm, eine Kneipen- und eine Geschäftspassage sowie eine sehenswerte kommerzielle Inszenierung zur Geschichte Berlins.

Weiteren Angeboten für abendliche Unternehmungen sind wir bereits begegnet: Das **Literaturhaus** bietet ein vielfältiges Literaturprogramm, und das **Theater des Westens** zeigt in der Kantstraße Musicals. Für Freunde der leichteren Unterhaltung ist auch das **Renaissance-Theater** an der Knesebeck-, Ecke Hardenbergstraße empfehlenswert. Schwerere Muse präsentiert dagegen die legendäre **Schaubühne** am Lehniner Platz, den Ku'damm noch ein ganzes Stück abwärts.

Die witzigsten Läden und nettesten Restaurants findet man oft in den Seitenstraßen des Kurfürstendammes. Das sehenswerte Design Center „stilwerk" hat sich beispielsweise in der Kant-, Ecke Uhlandstraße niedergelassen. Und die Wieland-, Schlüter-, Mommsen-, Bleibtreu-, Knesebeck- oder Grolmanstraße führen in die belebte Gegend um den **Savignyplatz**. Zahlreiche „Futterstellen" und „öffentliche Besäufnisanstalten" laden hier bis spät in die Nacht ein, Hunger und Durst zu löschen, aber auch das Kommunikationsbedürfnis zu befriedigen. Dazu gehören die berlinerische „Dicke Wirtin" (Carmerstraße 9), der „Zwiebelfisch" (Savignyplatz 7), die legendäre „Paris Bar" (Kantstraße 152) oder das „Marjellchen" in der Mommsenstraße 9, welches unter anderem ostpreußische Küche anbietet.

Am Ku'damm selber kann man in den Katakomben der Institution „Aschinger" (Nr. 26) das süffige Bier mit deftiger Berliner Unterlage versehen oder im „Dressler" (Nr. 207) beziehungsweise „Reinhardt's" (Nr. 190) leicht französisch angehauchtes Weltstadtflair schnuppern. Und zwischen Savigny- und Ludwigkirchplatz lässt mancher den langen Abend in das Frühstück übergehen. (Es sei denn, man will mit diesem Buch am nächsten Tag schon früh wieder auf Entdeckungstour gehen.)

3. Tag: Kieztouren – Berlin „in echt"

Vormittag:
Flughafen Tempelhof bis Kreuzberg SO 36

Den dritten Tag sollte man am drittgrößten Gebäude der Welt beginnen – wo sonst. Verlässt man den U-Bahnhof Platz der Luftbrücke (U-Bahnlinie 6), ist er leicht zu entdecken: der **Flughafen Tempelhof**. Fragt man nun jemanden, welches die beiden größeren Gebäude in der Welt seien, erntet man meist ein Schulterzucken. Wir halten auf jeden Fall fest: Der Flughafen Tempelhof ist das drittgrößte Gebäude der Welt, welches in Berlin steht.

Theorien, die besagen, die Hangars von Boeing in Seattle oder die der NASA in Cape Canaveral seien größer, haben ihre Logik: Gleich dem hiesigen Flughafen hat man auch dort die Hangars für die Flugmaschinen miteingebaut. Größe definiert sich hier über die umbauten Kubikmeter. Der unter den Nationalsozialisten nach Plänen Ernst Sagebiels begonnene und nach dem Krieg fertig gestellte Flughafen soll aus der Luft einem Adler mit ausgebreiteten Schwingen gleichen. Insgesamt ist der Komplex 1,2 Kilometer lang. Der heutige Zentralflughafen soll geschlossen werden, da in Schönefeld, südlich des Berliner Bezirkes Neukölln, ein neuer Großflughafen Berlin-Brandenburg International (BBI) bis 2007 fertig gestellt werden soll. Auch der Flughafen Tegel soll seinen Betrieb einstellen, um die Belästigungen für die Anwohner zu beenden.

Eines wird der neue Flughafen in keinem Fall bieten können: die ganz besondere Geschichte des Flughafens Tempelhof. Dazu gehört vor allem die Zeit der Luftbrücke. Während der Blockade West-Berlins durch die Sowjetunion landeten hier teils im 90-Sekunden-Takt die so genannten „Rosinenbomber" und versorgten West-Berlin. Zwei Drittel der Flüge waren Kohletransporte; die Flieger brachten zudem über 70 000 Tonnen Getreide, 20 000 Tonnen Zucker, aber auch 3250 Tonnen Toilettenpapier. Sogar Teile eines Kraftwerks und Setzlinge für die Wiederaufforstung des Tiergartens wurden eingeflogen. Mit der Blockade erreichte die Sowjetunion das Gegenteil dessen, was beabsichtigt war: Durch die Luftbrücke wurde der Grundstein für die deutsch-ameri-

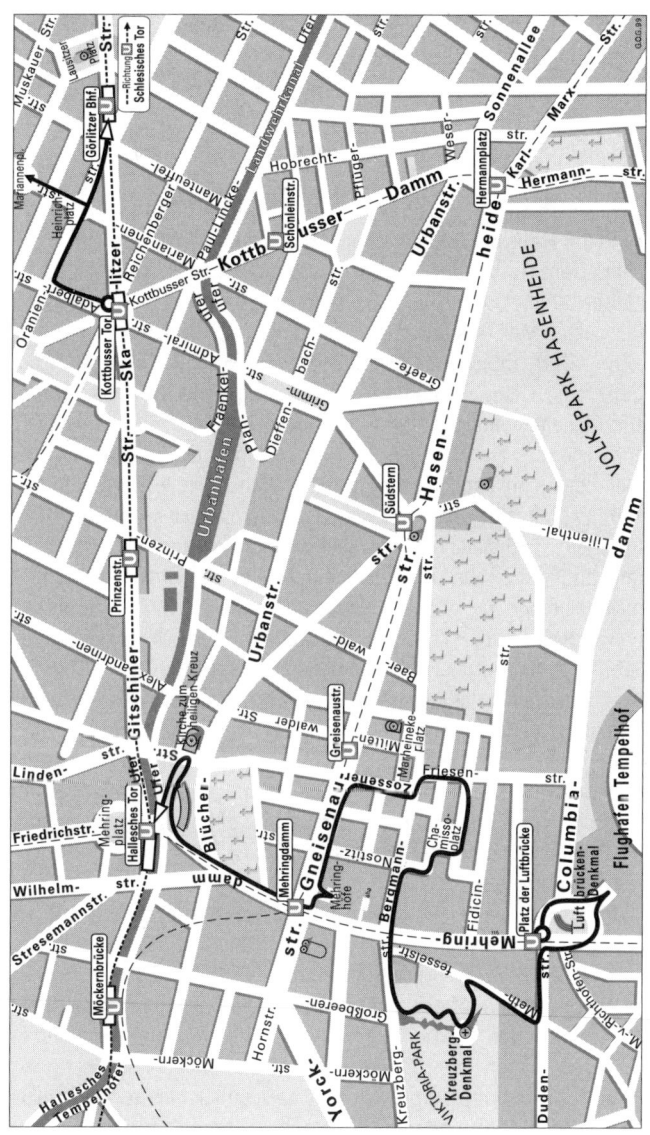

kanische Freundschaft gelegt und die Westbindung West-Berlins und West-Deutschlands befördert.

Vor dem Flughafen Tempelhof erinnert das **Luftbrückendenkmal**, die so genannte „Hungerkralle", an die drei Luftkorridore nach West-Deutschland und vor allem an jene, die während ihrer Arbeit für die Luftbrücke ums Leben kamen.

Wir verlassen den Platz über die Dudenstraße und passieren rechter Hand das **Haus der Buchdrucker**. Der bemerkenswerte Bau der Architekten Franz Hoffmann und Max Taut stammt aus dem Jahre 1926. Die Häuser Dudenstraße 12 bis 20 wurden ebenfalls von dem bekannten Architekten Max Taut entworfen, allerdings erst 1954.

Die rechts abbiegende Methfesselstraße führt uns dann auf den Kreuzberg zu. Dort entsteht ein neues Stadtquartier. Es ist das Grundstück der ehemaligen Schultheiss-Brauerei, auf das die Berlinische Galerie ziehen soll. Dahinter geht es links zum Gipfel des **Kreuzberges**. Hier oben ist man auf der höchsten natürlichen Erhebung der Berliner Innenstadt. Wundern Sie sich nicht, wenn hier noch Schnee liegen sollte: Der Kreuzberg ist 66 Meter hoch, das sind immerhin 34 Meter über der Kreuzbergstraße! Bevor man aber zu ihr hinabsteigt, kann man den Ausblick bewundern und das, was vom Nationaldenkmal mittlerweile rekonstruiert worden ist. Dieses Monument entwarf Karl Friedrich Schinkel für die Gefallenen der Befreiungskriege gegen die Franzosen. Die Spitze des Denkmales bildet das Eiserne Kreuz, welches Schinkel als Orden für die Befreiungskrieger zeichnete. Das Kreuz gab dem ehemaligen Tempelhofer Berg den Namen. Der Sockel des Denkmales erinnert genau wie die umliegenden Straßen an Schlachtorte des Krieges, etwa die genau auf den Berg zulaufende Großbeerenstraße. In Großbeeren bei Zossen südlich Berlins gewannen die Preußen im August 1813 eine Schlacht gegen die Franzosen.

Ab 1888 wurde der Kreuzberg unter der Leitung des Gartendirektors Hermann Mächtig und in der Tradition der Lenné-Schule zum Viktoriapark umgestaltet. Zur Gestaltung gehört der künstliche Wasserfall, der im Winter abgeschaltet wird. Aber auch im Sommer fließt nicht immer Wasser, denn das Bezirksamt hat kein Geld für Brunnen; so sprudelt es nur, wenn sich ein Sponsor findet.

Am Fuße des Kreuzberges führt die nach ihm benannte Straße rechter Hand zum Mehringdamm. Bei der Überquerung desselben erkennt man die Steigung Richtung Tempelhof. Der Kreuzberg ist also nur eine Hervorhebung des Hanges, der sich durch ganz Berlin zieht. Aus dem Urstromtal der Spree geht es auf den Barnim hinauf. Auch wenn einem dieser Hang, über den heute die Autos dahinflitzen, nicht sehr steil vorkommen mag: Er reicht aus, um hier alljährlich ein Seifenkistenrennen zu veranstalten. In früheren Zeiten war es beim Verlassen des Spreetales oft sogar nötig, ein zweites Paar Pferde vorzuspannen, um die Wagenladungen durch den losen märkischen Sand hinaufzuziehen.

Unser Weg führt geradeaus weiter in die Bergmann- und dann rechts in die Nostitzstraße, welche auf den Chamissoplatz mündet. Der **Chamissokiez** ist ein Stück Vorzeige-Berlin. Kiez ist heute im Berlinerischen das Wort für „überschaubare Nachbarschaft", also für einen Ort, wo man sich zu Hause fühlt. Früher ist der Kie(t)z das (meist slawische) Fischerdorf neben den Städten gewesen.

Die Häuser im Chamissokiez wurden wie die meisten Berliner Mietshäuser der Arbeiterbezirke in der späten Kaiserzeit errichtet. Diese Arbeiterstadtteile umgeben den historischen Stadtkern, (den Alt-Bezirk) Mitte, ringförmig: Tiergarten, Wedding, Prenzlauer Berg, Friedrichshain und eben Kreuzberg. Die sozialen Verhältnisse waren unbeschreiblich, die Häuser übervölkert, die sanitären Verhältnisse katastrophal. Im Grunde lebte man hier in einem Slum. Allerdings wurde der Slum im ordentlichen Preußen hinter geschmückte Stuckfassaden gezwängt und in gemauerten – durch enge Hinterhöfe jedoch schlecht beleuchteten und belüfteten – Steinhäusern übereinander gestapelt. Gelegenheiten, in die Höfe der Häuser zu schauen, sollte man nutzen, denn diese sind völlig unterschiedlich und zum Teil sehr stimmungsvoll. Manche sind grau und verfallen, wirken heute ruinös-romantisch. In einigen hat man Stuck abgeschlagen und die Wände glatt und ordentlich gestrichen. Viele sind aber auch saniert und haben ein grünes Innenleben bekommen. Aufgrund der furchtbaren Vorkriegszustände in den Hinterhöfen wollten maßgebliche Planer in beiden Teilen Berlins die alten kaiserzeitlichen Mietshäuser vollständig abreißen. Hier im Chamissokiez haben auch die Hausbesetzer ab Ende der siebziger Jahre dazu beigetragen, dass diese Straßenzüge stehen blieben. In langen Auseinandersetzungen erkannte man, dass nicht der Hinterhof an sich schlecht ist, sondern dass es darauf ankommt, wie man ihn bewohnt. Sanierte Häuser und Höfe haben nicht wenige Vorzüge. Viele leben gern in den alten hohen Räumen, und die Ruhe auf dem Hof steht in angenehmem Gegensatz zum lauten Stadtleben draußen. Heute ist der (Alt-) Bezirk Kreuzberg – mittlerweile fusioniert mit Friedrichshain – der am dichtesten besiedelte Stadtteil Berlins; 16000 Menschen teilen sich hier einen Quadratkilometer Lebensraum. Und doch ist im Vergleich zu früher heute mehr Platz für jeden: Wohnen heute 150000 Menschen im Bezirk, so waren es vor dem Ersten Weltkrieg noch 400000.

Der Chamissokiez ist heute eine Art Freilichtmuseum zum Thema „Berlin vor 100 Jahren". Das Kopfsteinpflaster, die Laternen (wenn auch ohne Gas), die Stuckfassaden, die verbotenen Neonreklamen, die hergestellten Balkone: Wenn man sich die Autos weg- und Pferdefuhrwerke herdenkt, hat man fast das Berlin, das Heinrich Zille in seinen Zeichnungen und Fotografien noch in den Zwanzigern festhielt. Zur Originalausstattung gehört das rekonstruierte „Café Achteck" an der unteren Ecke des Chamissoplatzes. Solche grünen gusseisernen Häuschen standen früher als Bedürfnisanstalten dem männlichen Teil der Bevölkerung an vielen Berliner Straßen zur Verfügung. Am oberen Platzrand steht eine ebenfalls grüne, gusseiserne alte Wasserpumpe – zwei „Straßenmöbel", die typisch für das Vorkriegs-Berlin waren. Vom oberen Platzende rückt auch der **Wasserturm** an der Fidicinstraße in den Blick. Er wurde umgebaut, heute finden Veranstaltungen in den ehemaligen Speichern statt. Sonnabends gibt es auf dem Chamissoplatz einen beliebten Ökomarkt.

Über die Willibald-Alexis-Straße gelangt man zur Friesenstraße. Links geht es hinunter zum Marheinekeplatz. Hier steht nicht nur die Passionskirche, Berlins Jazzkirche, sondern auch eine Markthalle. Es ist eine von ehemals vierzehn Markthallen, die heute nach den entsprechenden Straßennamen benannt werden. Die Marheinekehalle wurde nach Kriegszerstörungen wieder aufgebaut. Völlig original funktionieren noch die Eisenbahnhalle in der Nähe des Görlitzer Bahnhofs und die Arminiushalle hinter dem Rathaus Tiergarten. Die Ackerhalle in der Invalidenstraße in Mitte dominiert heute ein einziger Supermarkt, wodurch der Charme verloren geht, der jedoch hier am Marheinekeplatz erlebbar ist: Man trifft sich an den Ständen, trinkt einen Kaffee, man kennt sich, die Markthalle ist Kieztreffpunkt. Die Markthallen ersetzten auch aus hygienischen Gründen zunehmend die ausufernden Wochenmärkte, etwa auf dem Gendarmenmarkt oder dem Alexanderplatz.

Bars, Restaurants, Imbissstände, Läden, die zum Teil Antiquitäten, gebrauchte Textilien oder Schallplatten verkaufen, säumen die Bergmannstraße. Desgleichen in der Zossener Straße: Rechts gibt es bei „Grober Unfug" Comics, links nepalesisches Essen. Durch lebendiges Straßenleben hindurch erreicht man die Gneisenaustraße.

Auch die Gneisenau- gehört wie die Tauentzienstraße zum „Generalszug". Dieser großzügige Straßenzug erstreckt sich vom Hermannplatz bis zum Ernst-Reuter-Platz in Charlottenburg. Fast alle seine Straßen und Plätze sind benannt nach Generälen der Befreiungskriege gegen Napoleon: Gneisenau, Yorck von Wartenburg, Goeben, Graf Bülow von Dennewitz, Graf Kleist von Nollendorf, Graf Tauentzien von Wittenberg und Hardenberg. Der einzige nicht nach einem Helden der Kriege benannte Straßenzug der Anlage ist die Hasenheide. Doch auch dieser Name steht in Zusammenhang mit den Kriegen. Denn hier in der Hasenheide ertüchtigte Turnvater Jahn die Jugend für den Kampf gegen die Besatzer.

Von der Ecke Zossener Straße aus erkennt man mit Blick Richtung Hasenheide einen Kirchturm, die ehemalige Garnisonkirche am heutigen Südstern. Eine weitere Kirche ist mitten auf dem Generalszug plaziert worden: die bereits erwähnte Kaiser-Wilhelm-Gedächtniskirche. Den Turm der Lutherkirche am Bülowbogen, auch Teil des Generalszuges, sieht man von dem Eingang der Gneisenaustraße 2 aus. Hier ist auch der Zugang zum **Mehringhof**, einem Zentrum des unangepassten Kreuzberg. Mit der Hausbesetzerbewegung entstand in Kreuzberg seit Ende der siebziger Jahre eine Alternativszene, die unter anderem die typische Mischung aus Wohnen und Arbeiten erhalten wollte. Der Mehringhof wurde von einem alternativen Projekt der Erwachsenenbildung gekauft. Er war Ausgangspunkt mancher politischen Kampagne und hat heute eine bunte Mischung im Angebot. Davon erzählt der „stille Portier" im Eingang. Verlage, ein Grafikstudio, multikulturelle Projekte, Naturkost, Flüchtlingshilfe, einen Gesundheitsladen, einen Fahrradladen und das Kabarett **Mehringhoftheater** findet man unter anderem hier.

Biegt man schräg gegenüber nach rechts in den Mehringdamm, passiert man die kastellartige ehemalige **Dragoner-Kaserne** im Stil florentinischer Renaissancehäuser, heute das Kreuzberger Finanzamt. Hier in der Tempelhofer Vorstadt standen viele Kasernen in der Nähe des großen Exerzierfeldes auf dem heutigen Flughafengelände. Die Offiziersfamilien wohnten meist in den Vorderhäusern der Wohngebäude, die heute

„Mietskasernen" genannt werden. Dadurch gab es in Berlin eine gewisse Sozialmischung, reichere und arme Familien bewohnten gemeinsam ein Haus. Am elegantesten war meist die Beletage über der Einfahrt.

Gleichgestellt sind hingegen die Menschen im Tod, so auf den Kirchhöfen gegenüber. Nur die Grabsteine weisen noch auf Unterschiede im Leben hin. Die **Friedhöfe am Mehringdamm** gehören zu den bemerkenswertesten Berliner Begräbnisstätten, wenn auch der berühmteste der unten genannte Dorotheenstädtische Friedhof an der Chausseestraße und einer der schönsten gewiss der Jüdische Friedhof in Weissensee ist. Hier am Mehringdamm handelt es sich um den Kirchhof der im Kriege zerstörten Dreifaltigkeitskirche, an der der Theologe Schleiermacher predigte, und um den der Bethlehemskirche, die Kirche der in den 1730er Jahren nach Berlin geflüchteten Böhmen. Außerdem befinden sich hier die alten Kirchhöfe der Neuen Kirche (entspricht dem Deutschen Dom auf dem Gendarmenmarkt) und der Jerusalemskirche (deren Altbau vor dem heutigen Springerhochhaus bis zum Krieg stand) sowie der Brüdergemeine. Diese fünf Kirchhöfe wurden im achtzehnten Jahrhundert vor dem Halleschen Tor angelegt, da Bestattungen innerhalb der Stadtmauern nicht mehr erlaubt waren. Die Gräber sind leider schlecht zu finden. Dabei sind hier durchaus auch berühmte Menschen bestattet, so der Dichter und Kustos des Berliner Botanischen Gartens Adalbert von Chamisso, eigentlich Sohn eines vor der französischen Revolution geflüchteten Adligen (Abtlg. 3/1–38–3, zur Baruther Straße hin). Sein Zeitgenosse E. T. A. Hoffmann, der unweit von hier in der Lindenstraße am Kammergericht tätig war, jedoch als Schriftsteller berühmt wurde, ist hier ebenfalls bestattet (Abtlg. 1/1–32–6, in der Mitte der Nordhälfte des Friedhofes). Auf dem Dreifaltigkeitskirchhof findet man (Abtlg. VI-6–10) neben dem Grab der Pianistin Fanny Hensel das ihres Bruders, des Komponisten Felix Mendelssohn Bartholdy, der in der Leipziger Straße 3 wohnte (heutiges Grundstück des Bundesrates). Außerdem sind hier neben anderen Ernst Schering, Karl von Siemens, Adolf Glaßbrenner, Rahel Varnhagen von Ense, Heinrich von Stephan und Georg Wenzeslaus von Knobelsdorff beerdigt.

Verlässt man die Friedhöfe wieder über den Hauptausgang am Mehringdamm und wendet sich nach rechts, überquert man die Blücherstraße, die zum Blücherplatz führt. Hier entstand bis 1954 die öffentliche Zentralbibliothek West-Berlins, die **Amerika-Gedenkbibliothek**. Das

US-amerikanische Volk unterstützte den Bau durch Spenden, um dem „Schaufenster des Westens" eine große Bücherei zu ermöglichen. Nun müsste man wieder in den USA sammeln, denn diese Institution platzt aus allen Nähten. Fertige Pläne für einen Erweiterungsbau verschwanden aus Sparsamkeitsgründen wieder in der Schublade. Die „AGB" ist die betriebsamste öffentliche Bibliothek Deutschlands.

Am Ostrand des Platzes erhebt sich die mächtige **Kirche Zum Heiligen** **Kreuz**. Der wilhelminische Bau von 1888 entstand in dieser Form auf Wunsch des Kaisers nach Plänen von Johannes Otzen. Diese wilhelminischen Großkirchen, die das Stadtbild der Arbeiterbezirke prägen, sollten die der Sozialdemokratie zuneigende Arbeiterschaft dem rechten Glauben zuführen. Auf viele der notleidenden Werktätigen wirkten die protzigen Bauten jedoch eher abschreckend. Die Kirche hat mit den meisten dieser Bauten bis heute Probleme. Sorgen wegen der Akustik oder Heizbarkeit sind praktischer Art, schwieriger ist jedoch ein atmosphärisches Problem: Die schrumpfenden Gemeinden verlieren sich in den überdimensionierten Hallen. Die Kirche zum Heiligen Kreuz gilt dabei als Modell einer gelungenen neuen Nutzung alter Kirchen. Die Funktionen des Gemeindehauses wurden in die Kirche selbst verlegt, und auch eine Asylberatung sowie ein Kulturbüro finden noch Platz. Im ausgebauten Dachgeschoss arbeiten Einrichtungen des Kirchenkreises. Ferner wird der große Innenraum für Konzerte, Ausstellungen, Tagungen und Feste genutzt.

Verlässt man die Kirche Richtung Blücherplatz, taucht gegenüber der AGB auf der rechten Seite hinter dem Landwehrkanal schon der Hochbahnhof Hallesches Tor auf. Der Kanal wurde nach Plänen von Peter Joseph Lenné bis 1850 gegraben.

Vom Halleschen Tor fahren die (Hoch-)U-Bahnlinien 1 und 15 Richtung Warschauer Straße. Wer noch mehr in Kreuzberg entdecken und in der Gegend essen möchte, fährt bis Kottbusser Tor und geht die Adalbertstraße hoch. Hier und in der nächsten Querstraße, der Oranienstraße, gibt es zahlreiche Restaurants, Kneipen und Bars. Essen kann man zum Beispiel im traditionell-türkischen Restaurant „Hasir" in der Adalbertstraße 10.

Folgt man der für ihr buntes Nachtleben bekannten Oranienstraße rechter Hand, passiert man einige der Gewerbehöfe, die die Stadtplaner im neunzehnten Jahrhundert zwischen die Wohnbauten platzierten,

damit die Werktätigen nicht so lange Wege zu den Arbeitsstätten zu-
rücklegen mussten wie damals etwa in London. Die Oranienstraße ist die
Hauptstraße des weniger feinen Teils von Kreuzberg, „SO 36" genannt.
Süd-Ost 36 war der alte Postzustellbezirk dieses Gebietes. Dazu passend
findet man hier auf der Oranienstraße den legendären ehemaligen
Punkerclub „SO 36" (Nr. 190). Über die wildesten Zeiten dieser Institu-
tion des Berliner Musiklebens gibt es sogar einen Kinofilm. Mittlerweile
wird hier sonntags zum Tee auch Walzer und Cha-Cha-Cha getanzt.
Außerdem war der Club Pionier der erfolgreichen türkisch-schwulen
Abende, hier Gayhane genannt.

Türkisch lernen kann man gegenüber an der Eckfassade zum Heinrichplatz. Eine Konjugation gehörte zu einem Kunstprojekt und schmückt
bis heute die Wand. Hier handelt es sich um Formen der miş-Vergan-
genheit, in denen man im Türkischen von dem erzählt, was man nicht
selbst erlebt hat; im Gegensatz dazu wird in der di-Vergangenheit über
Vorgänge berichtet, bei denen man wirklich dabei war. Eine Unterschei-
dung, die man sich im Deutschen auch zuweilen wünschen würde.

Man erkennt, dass im Türkischen Formen hinten als Suffixe an die
Wortstämme angehängt werden. „Berlin'de" heißt zum Beispiel „in Berlin". „Berlin'de" leben etwa 150 000 Menschen türkischer Herkunft, davon über ein Fünftel in Kreuzberg. Viele der alten Kreuzberger, die hier
geboren, aufgewachsen und zur Schule gegangen sind und Familien gegründet haben, sind türkischer Herkunft. Nicht zuletzt der Sprache, Religion und auch der Küche wegen haben türkische Kreuzberger eigene
Geschäfte gegründet, von denen man etliche in diesen Straßen erkunden kann. Türkische Arbeitgeber beschäftigen in Berlin über 15 000 Menschen. Die etwa 90 000 Polen in Berlin fallen dagegen im Straßenbild
weniger auf und kaufen meist in deutschen Supermärkten.

Am Heinrichplatz lockt rechts der Hanfladen Kunden an, links geht es
an der Ecke zur Mariannenstraße zu dem beliebten Bioladen „Kraut und
Rüben" und zur „Schokofabrik", einem ehemals ausschließlich von Frauen
besetzten Haus. Hier gibt es auch das Hamam, ein türkisches Dampf-
bad für die Besucherinnen des Frauenstadtteilzentrums.

Über die gleichnamige Straße gelangt man von hier zum Marian-
nenplatz. Dort steht mit dem heutigen Bezirkshaus **Bethanien** die erste
Berliner Diakonissenanstalt, die bis 1969 Krankenhaus war. Erster Apo-
theker des Hauses war 1847 Theodor Fontane, der sich anschließend

nur noch der Schriftstellerei widmete. Steht man vor dem Bethanien, erkennt man am Nordrand des Platzes die **St. Thomaskirche** von 1869. Sie ist architektonisch einzigartig und zugleich die zweitgrößte Kirche Berlins. Gegenüber vom Bethanien führt die Muskauer Straße zur Pückler- und Eisenbahnstraße, zwischen denen man die oben erwähnte Markthalle **„Eisenbahnhalle"** findet. Über die Eisenbahnstraße gelangt man zum Lausitzer Platz und hält sich rechts entlang der Hochbahn.

So gelangt man zum U-Bahnhof Görlitzer Bahnhof. Wer weniger laufen möchte, erreicht denselben auch vom Heinrichplatz aus geradeaus die Oranienstraße entlang.

Nach einer Station kann am Schlesischen Tor (U-Bahnlinie 1 Richtung Warschauer Straße) wieder aussteigen, wer bis jetzt noch nicht das richtige Lokal gefunden hat. Das Restaurant „Bagdad" in der Schlesischen Straße 1 gleich am U-Bahnhof bietet orientalische, die „Cantina Coronita" in der Skalitzer Straße 73 mexikanische und das „Oberbaumeck" im Eckhaus Oberbaum-/Bevernstraße berlinerische Küche. Alle sind im Preisniveau dem ansässigen Publikum angepasst, welches in einem sozial problematischen Berliner Stadtteil lebt. Kreuzberg hat die höchste Berliner Arbeitslosigkeit (über 30 Prozent), die höchste Einwohnerdichte (15 000 Menschen pro Quadratkilometer) und zudem beziehen über 15 Prozent der Einwohner Sozialhilfe.

Am Ende des Vormittags gibt es zwei Möglichkeiten, Kreuzberg Richtung Osten zu verlassen: Man nehme die (bequeme) (Hoch-) U-Bahn zur Warschauer Straße oder laufe über die (schöne) **Oberbaumbrücke**. Von hier aus hat man linker Hand den Blick auf die Innenstadt und den ehemaligen Mauerstreifen entlang der Mühlenstraße in Friedrichshain. Hier steht das längste erhaltene Stück Mauer, die **East-Side-Gallery**, welche 1990 von Künstlern aus aller Welt bemalt wurde. Flussaufwärts blickt man zum Osthafen und auf die „Treptowers" der Allianz-Versicherung. Die Brücke selber mit ihren beiden Türmen stammt aus dem Jahre 1896 und erinnert mit ihrer Form daran, dass hier im Zuge der Zollmauer der Oberbaum lag. Er versperrte den Schiffen die Durchfahrt und bildete somit ein Stadttor zu Wasser. Die Sensation war hier 1902 die Fahrt des ersten deutschen U-Bahnzuges im ersten Stock, womit das Berliner Gegenstück zur aufklappbaren Londoner Tower Bridge ebenfalls ein technisches Monument ist. Was die Tower Bridge nicht bieten kann, gibt es hier: Die traurige Geschichte vom Fußgänger-Grenzübergang Oberbaumbrücke, als der Fluss die schwer bewachte Grenze zwischen zwei Ideologiesystemen war und der Zugverkehr ruhte. Nun verbinden seit Oktober 1995 die Züge wieder Ost und West, die Türme wurden wieder aufgebaut und der spanische Architekt Santiago Calatrava hat ihr einen neuen Mittelteil entworfen. Eine Geschichte mit glücklichem Ende!

In Verlängerung der Oberbaumbrücke führt die Warschauer Straße aufwärts. Hier in Friedrichshain treffen an der Warschauer Brücke drei Bahnsysteme zusammen: S-, U- und Straßenbahn. Tausende Menschen steigen hier täglich um. Am U-Bahnhof befindet sich auch die Haltestelle der Straßenbahnlinie 20. Die Fahrt in Richtung U-Bahnhof Eberswalder Straße im Prenzlauer Berg lohnt sich. Am Frankfurter Tor kreuzt die Bahn Deutschlands längstes Baudenkmal, den ersten sozialistischen Prachtboulevard auf deutschem Boden, die ehemalige Stalinallee. Hier an der heutigen **Karl-Marx-Allee** enstanden in den fünfziger Jahren „Paläste für die Arbeiter". Die über zwei Kilometer lange Straße, die heute unter Denkmalschutz steht, soll dereinst der „Ku'damm des Ostens" werden.

Die Haltestelle Eberswalder Straße ist ein guter Ausgangspunkt zur Erkundung vom Prenzlauer Berg, bei der wir nun nach einem Kiez des ehemaligen Westens einen des früheren Ostens kennenlernen.

Nachmittag:
Prenzlauer Berg bis Oranienburger Straße

Der Ausgangspunkt U-Bahnhof Eberswalder Straße ist mit der U-Bahn-linie 2 oder der Straßenbahnlinie 20 (im vorherigen Kapitel beschrieben) zu erreichen.

Prenzlauer Berg ist wie Kreuzberg ein dichtbesiedelter Arbeiterbezirk gewesen. Arbeiter sind auch hier nun – mangels arbeitender Fabriken – in der Minderheit. Ein auffälliger Unterschied zu Kreuzberg ist der, dass hier nicht so viele Einwanderer leben. Während in Kreuzberg über ein Drittel der Menschen keinen deutschen Pass haben, sind es hier unter zehn Prozent. Allerdings sind viele Neuzugezogene Binnenmigranten: Sie kamen aus Westdeutschland. Ein radikaler Bevölkerungsaustausch hat sich seit der Wiedervereinigung vollzogen.

Zu Beginn dieses Spazierganges können sich alle, die noch nicht satt geworden sind, mit unterschiedlichsten Speisen versorgen. Unter der Hochbahn, auf dem Mittelstreifen der Schönhauser Allee, wartet mit „Konnopkes" Imbiss eine Institution der Currywurstbuden auf Kunden, die hier mittags oft Schlange stehen. Max und Charlotte Konnopke eröffneten ihren ersten Stand im Oktober 1930. Ostwärts führt die Danziger zur Lychener Straße. Hier findet man indisch-nepalesische (Nr. 3, „Himalaya"), äthiopische (Nr. 4, Café „Arada") oder kubanische (Nr. 6, „Bodeguita del Medio") Küche: Ungewöhnliche Genüsse gibt es nicht nur in Kreuzberg.

Gegenüber in der Knaackstraße führt hinter den Restaurants „Simla" und „Malzcafé" (Nr. 99) eine Durchfahrt auf das Gelände der **Kultur-brauerei**. Ein „stiller Portier" in der Einfahrt links erzählt von der Geschichte und den Nutzern der Gebäude. Entworfen von Franz Schwechten für die Schultheiss-Brauerei, wurden sie 1889 fertig gestellt. Eine Treuhand-Nachfolgegesellschaft ließ das Areal umbauen und dabei noch ein weiteres Kino-Zentrum errichten. An der Ecke Sredzki- und Knaackstraße zeugt ein burgähnlicher Turm von der recht aufwendigen Gestaltung der Gewerbegebäude im neunzehnten Jahrhundert. Die Wohngebäude sind scheinbar auch aufwendig gebaut. Diesen Eindruck vermittelt zumindest ein erster Blick in die links von der Sredzki- abgehende Hagenauer Straße, die schon vor der Wende weitgehend hergerichtet wurde. Die stuckverzierten Fassaden täuschen aber beim zwei-

ten Blick nicht darüber hinweg, dass die so genannten „Mietskasernen"
des neunzehnten Jahrhunderts völlig gleichförmige Baukörper sind, die
in Reihung dem Stuck zum Trotz eine große Monotonie ausstrahlen.

Belebter wirkt dagegen die **Husemannstraße**, die rechts von der
Sredzkistraße zum Kollwitzplatz führt, schon der Bäume wegen. Diese
Straße ist 1987 einer Muster-Rekonstruktion unterzogen worden. Die
Husemannstraße mit den verschnörkelten Straßenschildern und dem
Halter für die Kutschpferde ist somit ein wenig das östliche Gegenstück
zum Chamissokiez in Kreuzberg. Allerdings wurde die hiesige Straße un-
historisch asphaltiert. Mit Ausstellungen wird das Leben der Armen hinter den Fassaden dokumentiert. In der Husemannstraße 12 gibt die Ausstellung „Stube Kammer Küche" vom Museum Berliner Arbeiterleben
Einblick in einen sehr typischen, geschlossen umbauten Hinterhof und
zeigt Räume im Zustand des Jahres 1900. Meist nützt der Klingelknopf
„Museum" nicht; erbeten ist die vorherige Anmeldung bei den ehren-
amtlichen Betreuern.

Die Husemannstraße mündet in den **Kollwitzplatz**. Hier liegt ein Epi-
zentrum der Kneipenmeile des Stadtteiles. Die Straßencafés am Platz
sind bei Sonnenschein gut besucht. Der Wörther Platz, wie der Kollwitzplatz bis 1947 hieß, wurde nach dem Hobrecht-Plan von 1862 angelegt. James Hobrecht entwarf für das rasant wachsende Berlin einen
Generalplan, der bis 1914 im wesentlichen verwirklicht wurde und weit
in das damalige Umland der Stadt hineingriff. Der Plan verhinderte einer-
seits schlimmsten Wildwuchs und schuf die angenehm breiten Berliner
Straßen, andererseits öffnete er dem Bau der dicht gedrängten Mietskasernen Tür und Tor.

In der Mitte des Platzes befindet sich eine Statue der 1945 verstorbenen Käthe Kollwitz, die eine Zeichenmappe in der Hand hält. Die Plastik
schuf Gustav Seitz. Käthe Kollwitz hatte zusammen mit ihrem Mann Karl,
einem im Kiez bekannten Armendoktor, zwischen 1891 und 1943 auf
dem Grundstück Knaack-, Ecke Kollwitzstraße gewohnt. Hier steht heute
ein Neubau (Kollwitzstraße 56a), vor dem eine Tafel nicht Werbung, sondern Kunst bietet und damit an die Kollwitz erinnern soll.

Die Knaackstraße führt uns weiter zu den Wassertürmen an der Kolmarer Straße. An warmen Abenden ist die Nordseite des Platzes zu Füßen
des dicken Wasserturmes eine einzige große Freiluftkneipe. Links in der
Rykestraße 53 befand sich eine jüdische Religionsschule für Kinder,

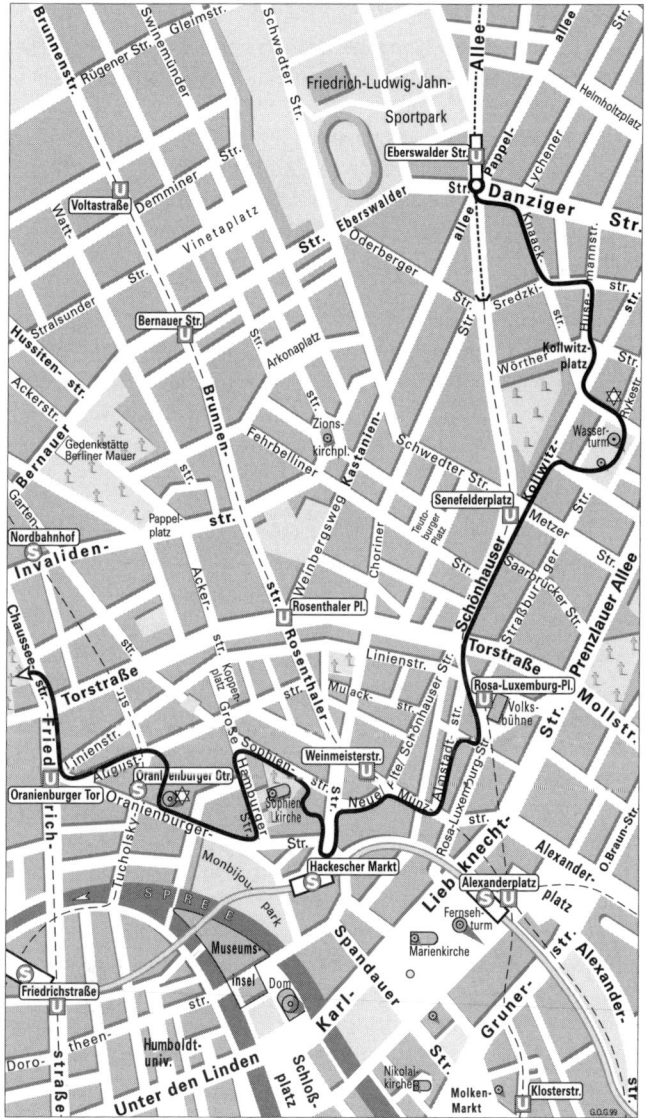

heute eine für Erwachsene. Auf dem Hinterhof sieht man die Eingänge zur bis 1904 erbauten **Synagoge**. Der 1953 erneut eingeweihte „Friedenstempel" ist heute von der Platzzahl her Deutschlands größtes jüdisches Gebetshaus.

An der Ecke Knaack- und Kolmarer Straße erinnert auf dem Weg zum **Wasserturm** eine Gedenktafel an den Missbrauch des 1914 geschlossenen Wasserspeichers durch die SA der Nationalsozialisten, die hier 1933 ein „wildes KZ" einrichtete. Der 1875 erbaute Wasserturm wurde mit Wohnungen unter dem Hochbehälter errichtet, während ein schlanker Steigrohrturm schon zwanzig Jahre zuvor entstand. Er befindet sich auf der Südseite der Anhöhe, die deutlich zeigt, wie es zu dem Namen Prenzlauer Berg kam. Von der Südseite der Anhöhe aus schaut man hinunter auf die Berliner Innenstadt. Dies war der Berg Richtung Norden, Richtung Prenzlau. Vom Spreetal fuhr man auf den Barnim hinauf, ursprünglich standen hier Mühlen. Die Berlin Waterworks Company, eine englische Firma, nutzte das Gefälle und versorgte von hier aus seit 1856 erstmals Berlin mit Wasser.

Zu Füßen des schlanken Turms verläuft die Belforter Straße. Gegenüber der abgehenden Straßburger Straße liegt der Eingang zum **Großen Wasserspeicher**, in dem zuweilen Ausstellungen stattfinden.

Die Belforter Straße führt rechts wieder zur Kollwitzstraße zurück. Der Einmündung gegenüber wurde durch einen 1990 gegründeten Verein ein „abenteuerlicher Bauspielplatz" gegründet. Genau wie die Kulturbrauerei ist auch dies ein Ergebnis der Aufbruchstimmung in der Wendezeit. Unterstützt wird der Spielplatz vom Sanierungsträger S. T. E. R. N., der seine Erfahrungen in Kreuzberg sammelte. S. T. E. R. N. hat seinen Sitz nun um die Ecke, in der Schwedter Straße, und bemüht sich um Europas größtes Sanierungsgebiet, den Prenzlauer Berg. Der Altbaubestand, der zu DDR-Zeiten zugunsten der neuen Plattenbauviertel völlig vernachlässigt wurde, wird erhalten und saniert.

Links öffnet sich die Kollwitzstraße zum Senefelder Platz. Ein rekonstruiertes „Café Achteck" hat man vorsichtshalber gleich wieder geschlossen, damit die Nutzung des alten Pissoirs nicht noch einmal das gusseiserne Material in Mitleidenschaft zieht. Die historische Platzgestalt wurde in den letzten Jahren rekonstruiert und rückt das Denkmal für den aus Prag stammenden Alois Senefelder, der unter anderem 1797 den Flachdruck erfand, wieder in ein angemessenes Umfeld.

Hinter dem Platz stößt man auf die Schönhauser Allee, wo in der Hausnummer 176 ein weiteres Brauereigelände der Kultur dient. An einem Wandbrunnen vorbei gelangt man zum **Pfefferberg**. Seit 1841 wurde hier gebraut und drei Jahre später in einem großen Biergarten ausgeschenkt. Der bayerische Braumeister und Brauereibesitzer Karl Pfeffer gab dem Bier die Würze. Die „Pfefferwerk Stadtkulturgesellschaft" sorgt sich heute um das Treiben in den Gemäuern.

Schräg gegenüber, an der Ecke Saarbrücker Straße und Schönhauser Allee, legen weitere Gebäude Zeugnis davon ab, dass Prenzlauer Berg die Hochburg der Berliner Brauereikunst war. Reste der Königstadt-Brauerei sind zu entdecken, wenn man das frei stehende Eckhaus mit dem Fachwerkgiebel umläuft. Die Auffahrt liegt gegenüber der Saarbrücker Straße 15, einem Haus mit einem witzigen Sinnspruch auf der interessanten Fassade. Am Neubau der Königstadt-Terrassen, der den alten Ausschankgarten nachzuempfinden sucht, vorbei führt die Schönhauser Allee schräg links hinab zum Rosa-Luxemburg-Platz jenseits der Torstraße. Letztere bekam nach der Wende diesen unverfänglichen Namen; zuvor hieß sie Wilhelm-Pieck-Straße, nach dem Präsidenten der DDR. Der neue Name war naheliegend, da an dieser Straße gleich mehrere der Stadttore der Berliner Zollmauer lagen. An unserem Standort befand sich das Schönhauser Tor; Richtung Rosa-Luxemburg-Platz bewegt man sich also stadteinwärts und wechselt von Prenzlauer Berg in den Bezirk Mitte.

Vor dem Einschluss des Geländes in das Stadtgebiet durch den Bau der Zollmauer in der ersten Hälfte des achtzehnten Jahrhunderts war das Gebiet zunächst von Scheunen bestanden. Deren brandgefährlicher Inhalt musste aus der Stadt hinaus verlagert werden, woraufhin hier das Scheunenviertel entstand. Auf dem Rosa-Luxemburg-, ehemals Bülowplatz, findet man heute die **Volksbühne**. Sie wurde 1915 für den Volksbühnen-Verein errichtet und vereinfacht bis 1954 wieder aufgebaut. Der 1889 gegründete Verein „Freie Bühne" machte in nicht öffentlichen Vorstellungen den Mitgliedern unter Umgehung der preußischen Zensur naturalistisches Theater zugänglich. Stücke etwa von Gerhart Hauptmann waren ihres „revolutionären" Gehalts wegen verboten, weil sie das Leben der Armen zum Thema machten. Heute ist die Volksbühne für die Inszenierungen des Intendanten Frank Castorf berühmt.

Rechts der Volksbühne steht mit dem Liebknecht-Haus die Parteizentrale der PDS. Rundherum entstanden bis 1930 im Zuge der städtebaulichen Neugestaltung Wohnungsbauten. Die mit horizontalen Bändern gegliederten Häuser entwarf der Architekt Hans Poelzig. Das Lichtspieltheater **Babylon** ist seit Fertigstellung der Häuser unter diesem Namen in Betrieb. Der große, mit einer Stummfilmorgel ausgestattete Saal soll nach der Rekonstruktion 2001 wieder eröffnet werden.

Gegenüber folgt man der Hirtenstraße nach rechts und erreicht die links zur Münzstraße führende Almstadtstraße. In dieser ehemaligen Grenadier- und der parallel verlaufenden Dragoner- (heute Max-Beer-) Straße befand sich mit dem **Scheunenviertel** das Zentrum der ostjüdischen Auswanderung. Die Menschen flüchteten aus Litauen, Polen oder der Ukraine vor Pogromen nach Berlin und wollten meist weiter Richtung Amerika auswandern. Der Anteil der armen, meist streng orthodoxen Ostjuden an der Wohnbevölkerung der Straßen betrug hier bis zu siebzig Prozent. Ein großer Teil von ihnen war illegal hierher geflohen. Es gab Betstuben, Druckereien hebräischer Bücher, Ritualienverkäufer und koschere Läden. Die strenggläubigen Ostjuden sahen sich deutlich unterschieden vom liberalen Berliner Westjudentum. In den 1880er Jahren setzte die Entwicklung ein, die nach 1918 ihren Höhepunkt erlebte. Nach 1933 konnten sich die Menschen hier eine Emigration meist nicht leisten, weshalb 1938 viele von den Nationalsozialisten nach Polen abgeschoben werden konnten. Dort endete der Versuch, in ein besseres Leben via Berliner Scheunenviertel zu flüchten, später meist mit einem grausamen Tod. Im Scheunenviertel erinnert beim Passieren der Straßen nichts mehr an die dichte Atmosphäre der Vorkriegszeit. Im Hof Max-Beer-Straße 3 (an der Münzstraße) kann man noch ein wenig von der düsteren Stimmung der Hinterhöfe spüren.

Der Weg folgt der Münzstraße aus der Almstadt- über die Max-Beer-Straße weiter nach rechts. Vor der Ecke zur Neuen Schönhauser Straße lohnt ein Blick in die Höfe der Münzstraße 21 – mit Gewerbeflügeln und Schmuckportal im ersten Hof. Die gewagte Stilmischung des 1892 fertig gestellten Hauses setzt sich in der Nummer 23 fort.

Links in die Neue Schönhauser Straße eingebogen, sieht man in der Hausnummer 13 das 1890 von Alfred Messel entworfene Volkskaffeehaus, ehemals eine soziale Einrichtung für verarmte Arbeiter und Kleinbürger. Im Gegensatz zur heutigen Nutzung wurden Männer und Frauen getrennt bedient, und es wurde kein Alkohol gereicht. Aber auch das Publikum hat sich mit der Sanierung (nicht nur) dieses Hauses verändert. Im Restaurant „Schwarzenraben" wird man „gesehen".

Gegenüber weist das spätbarocke Haus Nummer 8 aus dem Jahre 1770 darauf hin, dass man mit der **Spandauer Vorstadt** einen der ältesten erhaltenen Berliner Stadtteile erreicht. Die Vorstadt Berlins, die Richtung Spandau lag, die Spandauer Vorstadt also, wird gern und fälschlicherweise mit dem Scheunenviertel verwechselt. Wie aber der Name schon sagt, standen in der Spandauer Vorstadt keine Scheunen, sondern es war eine (Vor-) Stadt mit dichter Wohnbebauung. (Wiewohl umgekehrt die Scheunen zum Areal der Vorstadt gehörten.) An der Ecke zur Rosenthaler Straße steht ein Haus mit den vom Rosa-Luxemburg-Platz her bekannten Bändern der zwanziger Jahre. Dass dieses Haus aber wesentlich älter ist, verrät nicht nur ein Stuck-Zitat in der Fassade, sondern auch die Berolina-Apotheke an der Ecke mit der erhaltenen Einrichtung von 1886.

Folgt man der Rosenthaler Straße linker Hand, lohnt sich ein Blick in den Hof der Nummer 39. Neben dem Café „Cinema" geht es zum Kino Central. Man erreicht dann den Hackeschen Markt mit einem der beiden original erhaltenen Stadtbahnhöfe Berlins aus dem Jahre 1882.

Zuvor ist der Eingang zu den **Hackeschen Höfen**, dem größten deutschen Wohn- und Gewerbehof aus dem Jahre 1905, nicht zu übersehen. Baumeister Kurt Berndt hatte vermutlich die Gesamtleitung für den Komplex. Die Schmuckfassaden im ersten Hof gestaltete August Endell. Sie dienten und dienen noch als auffälliges Entree. Dahinter folgt ein typischer Berliner Gewerbehof mit großen Fenstern und den üblichen kleinformatigen, hellen Kacheln an den Wänden. Es schließen sich verputzte Wohnhöfe an, die zum Teil in Richtung der angrenzenden Friedhöfe offen sind und somit über extrem ruhige Nachbarn verfügen. Der Immobilienentwickler Roland Ernst hat die offiziell acht Höfe zu seinem Steckenpferd gemacht und nicht nur auf die denkmalgerechte Sanierung Wert gelegt. Zum Erfolg des Projektes trägt ganz wesentlich die einzigartige Mischung aus Alt und Neu, aus Arbeiten, Wohnen und Kultur bei. Man kann hier in über achtzig Wohnungen leben, aber auch Sprachen lernen, Räder mieten oder reparieren lassen. Tanz, Varieté oder Kino gibt es, politische Bildung wird hier organisiert. Bars und Restaurants laden ein, bei einem Kaffee die Bücher zu lesen, die man gerade gekauft hat, zum Beispiel im Buchladen „Artificium" im zweiten Hof. Natürlich kostet das alles Geld, gerade die Mode und der Schmuck, zum Beispiel von „Schmuckwerk" im vierten Hof – aber auch daran ist gedacht: An der Straßenfront gibt es einen Geldautomaten.

Auf der anderen Seite verlässt man die Hackeschen Höfe wieder über den kleinen neunten Hof in Richtung Sophienstraße. Gleich rechts im Haus Nummer 9 verkauft dort Frau Pintz ihre Keramik und Frau Petzoldt im Laden gegenüber Holzkunst aus dem Erzgebirge.

Folgt man der Sophienstraße nach links zur Großen Hamburger Straße, findet man weitere interessante Geschäfte, so im Haus Nummer 20a Holzblasinstrumente und in der Nummer 23 Whisky und Zigarren.

Auch die **Sophienstraße** war eines der Rekonstruktions-Projekte der achtziger Jahre. Im Gegensatz zur Husemannstraße sind die Strukturen der 1712 angelegten Straße erkennbar barocken Ursprungs, wenngleich die vorhandenen Häuser zumeist im neunzehnten Jahrhundert gebaut wurden. Die Sophienstraße 18, gegen 1840 entstanden, wurde für den Handwerker-Verein 1905 mit einer Terrakotta-geschmückten Durchfahrt versehen, durch die man zu den **Sophiensälen** gelangt. Diese Räume, die noch über ungeschminkten Vorwende-Charme verfügen, waren nicht nur Schauplatz der Arbeiterbewegung, sondern inspirieren heute auch die Besucher und die Kulturschaffenden des umfangreichen Veranstaltungsprogrammes.

In der Sophienstraße 21 locken die **Sophie-Gips-Höfe** zur Gipsstraße vorzustoßen, über die man die Große Hamburger Straße ebenso erreicht, wie wenn man der Sophienstraße weiter folgt. Schräg gegenüber steht die **Sophienkirche**, eine 1712 von der Königin Sophie Luise gestiftete schlichte Hallenkirche. Auf dem Kirchhof fanden neben anderen Carl Friedrich Zelter und – an der Kirchwand zur Straße hin – Anna Luise Karsch ihre letzte Ruhe. Die „Karschin", Tochter eines Leibeigenen, war die erste Frau Deutschlands, die von ihrer Schreibtätigkeit leben konnte. Sie wohnte in ihren letzten Jahren in der Neuen Promenade am Hackeschen Markt in einem Haus, das ihr König Friedrich Wilhelm II. hatte bauen lassen. Sie starb dort 1791.

An der Großen Hamburger Straße steht links das 1844 gegründete Sankt-Hedwig-Krankenhaus mitten im Kiez. Gleich der Kathedrale der Katholiken am Bebelplatz trägt auch diese Einrichtung den Namen der schlesischen Schutzheiligen. Das Krankenhaus hat die Nationalsozialisten und den Sozialismus als kirchliche Einrichtung überlebt. Wie es die Sparkonzepte des Senates übersteht, ist noch offen.

Ein Blick rechts in die Krausnickstraße zeigt die Kuppel der Neuen Synagoge. Ein Blick links durch die von Kurt Berndt 1905 geschaffenen Wohn- und Gemeindehäuser der Sophiengemeinde zeigt deren Kirchturm. Der einzige Barockturm der Berliner Innenstadt, der die Zeiten überstand, wurde bis 1735 erbaut.

In der Großen Hamburger Straße 15 kann das Café „Edwin" des guten selbst gemachten Kuchens und Eises wegen empfohlen werden. Gleich dahinter öffnet sich eine 1945 durch Bomben entstandene Häuserlücke, die zugleich Erinnerung und Kunstwerk ist. Das fehlende Haus wurde durch Tafeln des französischen Künstlers Christian Boltansky ersetzt. Sie zeigen Namen und Beruf der Bewohner des Gebäudes sowie ihr Einzugs- und Auszugsdatum, welches zugleich Todesdatum sein kann. Die Tafeln lassen die vielen Geschichten dahinter anklingen.

Auf der anderen Straßenseite wurde 1993 das Jüdische Gymnasium wieder eingerichtet. Gegründet wurde die erste jüdische Schule in Berlin – anders als eine Tafel am Haus behauptet – von David Friedländer. Die Anregung dazu kam jedoch in der Tat vom 1743 aus Dessau nach Berlin gekommenen Moses Mendelssohn.

Auf dem nächsten freien Grundstück steht zur Straße hin ein Gedenkstein, der an das verschwundene erste jüdische Altersheim und seine Nutzung als Deportations-Sammelstätte durch die Faschisten erinnert. Dieses Mahnmal ist in den letzten Jahren mehrfach geschändet worden. Steine liegen auf ihm. In hebräischer Tradition werden sie im Gedenken an Tote auf Grabsteine gelegt. Die Skulpturengruppe daneben wurde für das ehemalige Frauen-Konzentrationslager Ravensbrück von Will Lammert in dessen Todesjahr 1957 entworfen und blieb unvollendet. 1985 wurde sie hier zum vierzigsten Jahrestag des Kriegsendes auf- und neu zusammengestellt. Dahinter öffnet sich eine kleine Parkanlage.

„Misstraut den Grünanlagen!" So beginnt der berühmte literarische Berlin-Flaneur Heinz Knobloch sein Buch „Herr Moses in Berlin". Ein Grabstein für Moses Mendelssohn, den großen Philosophen der Aufklärung, steht am Weg durch das grüne Rund. Dieses Areal war nach 1672 der erste jüdische Friedhof Berlins, der 1827 geschlossen und um 1880 hergerichtet wurde. Eine Tafel in der hinteren Ecke der Anlage erinnert an die Zerstörung der Begräbnisstätte durch die Faschisten. Der Grabstein für Mendelssohn belegt in etwa die Originalstelle. Er ist mittlerweile der dritte Stein und als Nachbau erkenntlich, da er nicht wie üblich nach Osten ausgerichtet ist, sondern um 45 Grad gedreht. Die hebräische Inschrift bedeutet „Hier liegt der weise Lehrer Moshe aus Dessau" und enthält zudem die Lebensdaten: Mendelssohn wurde im Jahre 5489 geboren. (Die jüdische Zeitrechnung ist der christlichen um 3760 Jahre voraus.)

Am Ende der Großen Hamburger Straße biegt unser Weg rechts in die Oranienburger Straße ein. Damit ist die Hauptstraße der Spandauer Vorstadt erreicht. Für die ab 1671 nach Berlin eingewanderten Juden bot diese neue Vorstadt Platz, so dass sich hier ein Schwerpunkt der Infrastruktur jüdischen Lebens herausbildete. Diese Tradition belebt sich seit den achtziger Jahren wieder. Am Eingang Krausnickstraße 25 liegt der Aufgang zum Anne-Frank-Center und zum jüdischen Kulturverein. Im gleichen Neubau bietet das Restaurant „Rimon" israelische Küche.

Im Haus Oranienburger Straße 27 öffnet sich der hergerichtete **Kunsthof**. Ein Haus weiter kann man im meist überfüllten „Oren" jüdische vegetarische Gerichte genießen.

Dann folgt mit der **Neuen Synagoge** das gewiss auffälligste Gebäude der Straße. Ihre Fassade mit den vergoldeten Kuppeln ist seit 1988 wiederhergestellt worden. Die Neue Synagoge entstand unter der Leitung Eduard Knoblauchs und August Stülers bis 1866 und war damals mit rund 3000 Plätzen das größte jüdische Gotteshaus in Europa. Am 9. November 1938 rettete ein beherzter Polizeiwachtmeister, Wilhelm Krützfeld, das Gotteshaus vor der völligen Vernichtung durch die Brandstifter der Nationalsozialisten. Leider wurde sie dennoch zerstört, als sie 1943 von Bomben getroffen wurde. Nebenan, im Haus Nummer 29, befinden sich die Eingänge zum **Centrum Judaicum**, das unter anderem eine Ausstellung zur Geschichte von Gemeinde und Synagoge zeigt. Die jüdische Volkshochschule führt hier ebenfalls Veranstaltungen durch. Das Haus ist seit der Zerstörung des prächtigen Hauptsaales keine Synagoge mehr, enthält aber einen Gebetsraum.

Durch das Haus Oranienburger Straße 32 gelangt man über die **Heckmann-Höfe** zur Augustraße, die links zur Tucholskystraße führt. Hier befindet sich im Haus Nummer 40 das „Beth-Café" (Beth heißt Haus), das mit koscherer Küche wirbt. Im Gegensatz zu den zuvor genannten Restaurants mit jüdischen Gerichten hat man hier also eine Küche, deren Bestandteile unter der Aufsicht eines Rabbiners hergestellt werden. Dass koscher zubereitet wird, verwundert nicht, denn die Betreiberin des Caféhauses ist die orthodoxe Gemeinde Addas Jisroel (i. e. Stärke Israels). Im Haus befindet sich auch der Gebetsraum der Gemeinde, die nicht zur Einheitsgemeinde gehört. Die Einheitsgemeinde hat ihren Sitz in der Fasanenstraße (Tour für den zweiten Nachmittag) und umfasst im Gegensatz zu Addas Jisroel neben den Orthodoxen auch Liberale und Reformierte.

Folgt man der Tucholskystraße zum Haus Nummer 9, steht man am 1999 bezogenen neuen Sitz des Zentralrats der Juden in Deutschland. Bei der Rückkehr zur Oranienburger Straße fällt der Blick genau auf die Eckfront des **ehemaligen Postfuhramtes** von 1881. Der Entwurf von Carl Schwatlo führt vor, was man mit der ursprünglich bescheidenen preußischen Backsteinarchitektur bewirken kann. Die endgültige Nutzung des Komplexes, in dem zeitweilig Ausstellungen stattfinden, ist noch nicht geklärt.

Das Kunsthaus **Tacheles**, das sich in der Nachwendezeit in der Ruine einer Einkaufspassage etwas weiter auf der linken Straßenseite eingerichtet hat, soll trotz Neubaumaßnahmen erhalten bleiben. Das Tacheles, ein alternatives Kunstzentrum mit rauhem Charme, trug wesentlich zur Legendenbildung von der „geilen Meile Oranienburger" in den Jahren nach der Wende bei. In jedem Fall ist die Straße und ihre Umgebung immer noch ein Zentrum des Nachtlebens.

Wer den Tag zunächst eher still ausklingen lassen möchte, wendet sich nach rechts in die Friedrich- und dann Chausseestraße. Hier taucht links der wohl bekannteste Berliner Friedhof auf, der **Dorotheenstädtische** und **Friedrichswerdersche Friedhof**. Ganz in Ruhe kann man hier mit Heiner Müller, Helene Weigel, Bertolt Brecht, Karl Friedrich Schinkel, Arnold Zweig, Stüler, Borsig, Litfaß, Hegel, Fichte und anderen kommunizieren. Wie immer man es tut: Die Geister hätten viel zu berichten über eine vielgestaltige Stadt, die den Flaneur von Geschichten satt in den Abend streben lässt.

Geschichten allein füllen jedoch nicht den Magen. Gleich neben dem Kirchhof lädt das Keller-Restaurant im Brecht-Haus zur Rast. In der Oranienburger Straße gibt es dazu – wie gesehen – zahlreiche weitere Gelegenheiten. An der Ecke zur Linienstraße ist in der Oranienburger Straße 50 das panasiatische Restaurant „Goa" empfehlenswert. An-

sonsten führt der Weg gleich links um die Ecke am Friedrichstadtpalast
vorbei zum Bahnhof **Friedrichstraße** und damit zu jenen Etablissements,
in denen man am Ende des ersten Tages nicht mehr war.

Das Revuetheater **Friedrichstadtpalast** ist nur eine der vielen Möglichkeiten, den Abend zu verbringen. Beispielsweise gibt es im **Tränenpalast** am Bahnhof Friedrichstraße Konzerte oder Cabaret; ein reines
Cabarettheater ist dagegen die **Distel** gegenüber im Admiralpalast.
Varieté zeigt das **Chamäleon** im ersten der Hackeschen Höfe; im zweiten werden im **Hackeschen Hoftheater** oft Abende mit jiddischer Mu-
sik veranstaltet.

Potsdam:
Barockstadt und Schloss Sanssouci

Wer Potsdam erkunden möchte, kommt gut mit der Bahn an. Im Potsdamer Hauptbahnhof steht man zugleich in einem Einkaufszentrum, den Bahnhofspassagen. Die gewaltige Gebäudemasse rund um den Bahnhof zieht Kaufkraft aus der Potsdamer Altstadt ab. Sie entwickelte sich zu einem Bauskandal, bei dem die Stadtverwaltung viele Fragen nicht beantworten konnte. Dies trug 1998 entscheidend zur Abwahl des Oberbürgermeisters Gramlich bei.

Am Ausgang Friedrich-Engels-Straße hat man einen alten Wasserturm stehen gelassen. Er erinnert an die lange Geschichte des Reichsbahn-Ausbesserungswerkes, das nach der Wiedervereinigung geschlossen wurde. Die Bahnstrecke von Berlin nach Potsdam wurde 1838 als erste preußische Bahnstrecke eröffnet.

Auf dem Weg rechts herum zur Langen Brücke wandert der Blick hinauf auf den Brauhausberg. In der turmgeschmückten ehemaligen Kriegsschule des Baumeisters Franz Schwechten ist heute der **Brandenburgische Landtag** untergebracht. Über einen Neubau als Ersatz für dieses provisorisch anmutende Domizil wurde immer wieder diskutiert. Weithin sichtbar, zeigt die derzeitige Unterkunft des Landtages zumindest allen Ankömmlingen, dass sie sich in der brandenburgischen Landeshauptstadt und nicht mehr im Bundesland Berlin befinden. Das nach dem Kriege reduziert wiederhergestellte Gebäude war Sitz der SED-Bezirksleitung und wurde der „Potsdamer Kreml" genannt.

Der Brauhausberg gehört zum Hügelzug östlich des Haveltales. Die Havel überquert man rechts Richtung Altstadt über die Lange Brücke, welche hier auch die Freundschaftsinsel überspannt. Diese wurde zur Bundesgartenschau 2001 neu hergerichtet. Zwischen zwei Havelarmen gelegen, fügt sich die Insel hervorragend in das Konzept dieser Bundesgartenschau, die die Bereiche am Fluss (im Signet der BUGA blau dargestellt) mit denen der Altstadt (rot) und dem zentralen Bundesgartenschaugelände (grün) verknüpft. Letzteres verbindet die Schlossparkanlagen der Hohenzollern zu einem riesigen Halbkreis und läuft aus in einem Stück Feldflur (gelb).

Die Lange Brücke wurde erstmals im Jahre 1317 erwähnt und mehrfach erneuert. Links geht es hinunter zum Hafen der Weissen Flotte Potsdam. Von hier aus fahren Schiffe durch das Havelland oder auch nach Wannsee und zur Pfaueninsel. Rechter Hand erblickt man in der Ferne eine merkwürdige Turmkonstruktion, an der Burgstraße gelegen. Dieser Turm gehört zu einem Altenwohnstift. Mit seiner ungewöhnlichen Form soll er den Standort der im Krieg zerstörten Heiligengeist-Kirche markieren. Auf diesen Barock-Turm bezogen und beziehen sich manche der gärtnerischen Sichtachsen in den Gärten und Parkanlagen Potsdams. Dort, wo die Kirche stand, befand sich zuvor eine slawische Burg, die als Pozputimi im Jahre 993 erstmals urkundlich erwähnt wurde. Damit gehört Potsdam zu den ältesten nachgewiesenen Siedlungen in Brandenburg.

Der Lauf der Geschichte hätte Potsdam allerdings gleich mehrfach fast zu einem Fischerdorf schrumpfen lassen. Nach dem Dreißigjährigen Krieg wohnten 1648 nur noch 700 Menschen in 79 Häusern. Heute hat Potsdam 130 000 Einwohner und Einwohnerinnen.

Potsdams kontinuierlicher Aufstieg zur Residenzstadt der Hohenzollern begann 1660 mit dem Bau eines neuen Stadtschlosses an Stelle der mittelalterlichen deutschen Burg. Die Lange Brücke läuft direkt auf das Grundstück des ehemaligen Stadtschlosses zu. Die breite Autoschneise, die in die Friedrich-Ebert-Straße übergeht, würde durch die Flure, Säle und Zimmer des Schlosses führen, hätte man die Ruine nicht im Jahr 1960 gesprengt. Das Schloss wurde durch britische Bomber getroffen, die am 14. April 1945 die Potsdamer Altstadt zerstörten. Wenige Tage vor Kriegsende wollte man am Jahrestag der Grundsteinlegung von Schloss Sanssouci den vermeintlichen Hort des deutschen Militarismus treffen.

Wieder aufgebaut wurden hier am Alten Markt die **Nikolaikirche**, ein Werk Karl Friedrich Schinkels, und das **Alte Rathaus** mit der goldenen Figur des Atlas. Die dritte Platzseite, das **Fortunaportal** des Schlosses, ist zur BUGA neu erstanden, die Grundrisse des Schlosses werden angedeutet. Der Name des Portals soll an das – allerdings sorgfältig geplante – „Glück" des Kurfürsten Friedrich III. erinnern, der sich 1701 in Königsberg zum ersten preußischen König krönte. Auch aus diesem Grund wurde das Fortunaportal zum Jahre 2001, zur 300-Jahr-Feier Preußens, wieder aufgebaut.

In der so genannten provisorischen „Blechbüchse" spielt hier bis zur Eröffnung eines Neubaus noch das Hans-Otto-Theater. An der Ecke zur Friedrich-Ebert-Straße (Nr. 5) befindet sich die Potsdam-Information. Gegenüber steht die frühere Orangerie des Schlosses. Sie gehörte zur Schlossanlage und wurde 1714 zum **Marstall** umgebaut. Die Skulpturen auf der Front zur Breiten Straße hin zeugen von dieser Nutzung. Heute befindet sich hier das **Filmmuseum**. Es verweist auf die ehemaligen UFA- Studios im Potsdamer Stadtteil Babelsberg, die vor dem Zweiten Weltkrieg die größten europäischen Filmstudios waren. Auch heute wird dort gefilmt; außerdem bietet die „Babelsberg Studio Tour" Einblicke in das Filmgeschehen und die Geschichte des legendären Filmortes.

Der Breiten Straße folgend, liegt links hinter dem unübersehbaren Hotelhochhaus das zur BUGA neu gestaltete Lustgartenareal des ehemaligen Stadtschlosses. Noch vor der Dortustraße, in Höhe des modernen mosaikgeschmückten Rechenzentrums, liegt im rechten Trottoir der Breiten Straße ein Gedenkstein, der den ehemaligen Standort des Turmes der Garnisonkirche markiert. Hinter der Dortustraße liegt links das **Potsdam-Museum** in den Hiller-Brandtschen Häusern, die sich reiche Kaufleute 1769 nach dem Vorbild von Whitehall in London bauen ließen.

Gegenüber steht das Militärwaisenhaus, das 1771 diese Form bekam. Anders als der Name vermuten lässt, wurden hier nicht nur die Kinder von erkrankten oder verstorbenen Soldaten untergebracht. Das Haus wurde von König Friedrich Wilhelm I., dem Soldatenkönig, im Jahre 1724 eingeweiht. Er sammelte die „Langen Kerls", Soldaten mit einer Körpergröße von 1,80 Meter und mehr – damals wahre Riesen. Friedrich Wilhelm I. ließ sich die „Langen Kerls" aus den verschiedensten Teilen Europas kaufen, entführen oder schenken, etwa vom russischen Zaren. Entsprechend viele Sprachen hörte man auf den Potsdamer Straßen, plattdeutsch, englisch, italienisch, bayerisch, spanisch, polnisch und so fort. Die furchteinflößenden „Langen Kerls" sollten allerdings keine Kriege führen. Der „Soldatenkönig" war bekanntlich ein bescheidener, strenger und frommer Mann, der nichts so sehr fürchtete wie den Krieg. Deshalb verwandelte er Preußen in eine große Kaserne – auf das niemand auf die Idee käme, es anzugreifen. Kasernen gab es allerdings noch nicht. So wohnte die Garnison – von der nur ein kleiner Teil zur „Legion der Giganten" gehörte – in Bürgerhäusern, deren Besitzer gezwungen wurden, ein oder zwei der jungen Männer zu beherbergen. Die

Kontakte zwischen den Töchtern der Häuser und den Soldaten führten zu ungeplantem Nachwuchs. Aus Rücksicht auf die anständigen Bürger brachte man auch diese Kinder im „Militärwaisenhaus" unter, wo sie mit harter Arbeit zur Finanzierung desselben beizutragen hatten.

Der Dortustraße und dem Militärwaisenhaus folgend, prangt gleich links die wilhelminische Fassade des **ehemaligen Rechnungshofes** des Deutschen Reiches. Heute sitzt hier unter anderem der brandenburgische Rechnungshof. Dieses Gebäude ist ein Verweis auf die Abhängigkeit Potsdams von der Monarchie bis 1918. Die Stadt wurde nur der Hohenzollern wegen bedeutend; sie lebte von und durch die Hohenzollern, was die Potsdamer allerdings nicht hinderte, den späteren Mitbegründer der Kommunistischen Partei, Karl Liebknecht, in den Reichstag zu wählen. Der einzige Abgeordnete, der gegen den deutschen Kriegseintritt 1914 stimmte, wurde unter anderem von den Arbeitern des Orenstein- und Koppel-Werkes in Drewitz gewählt.

Gegenüber dem Rechnungshof erinnert der Nachbau des Glockenspiels der Garnisonkirche an diesen legendären Bau. Die berühmten Glocken spielten seit 1797 auf Wunsch der Königin Luise halbstündlich im Wechsel „Üb' immer Treu und Redlichkeit" und „Lobe den Herren". Der leidlich erhaltene Barock-Turm der Kirche wurde auf Wunsch Walter Ulbrichts 1968 gesprengt. Diese Kirche missbrauchte Adolf Hitler am 21. März 1933 zur Eröffnung des Reichstages. Präsident Hindenburg und Wilhelm, ehemaliger Kronprinz, gaben dem „Tag von Potsdam" die Weihe. Damit verbuchte Hitler einen großen Propagandaerfolg; er suggerierte, die Nationalsozialisten stünden in der Tradition Preußens. Nicht zuletzt weil viele dieses glaubten, wurde Preußen 1947 als deutsches Land aufgelöst, obwohl es bei genauerer Betrachtung in mancher Hinsicht der nationalsozialistischen Ideologie entgegengesetzte Werte verkörperte.

Ein Regiment aus Iserlohn in Westfalen hat die Glocken nachgießen und nach der Wende hierher bringen lassen. Zur Zeit sammelt man Geld für den Wiederaufbau des Turmes am oben erwähnten Originalstandort an der Breiten Straße.

Vor dem Rechnungshof bog der Potsdamer Stadtkanal nach rechts in die Yorckstraße. Der breite Mittelstreifen weist auf den in den sechziger Jahren zugeschütteten Kanal hin. Ein Teil wurde zur Bundesgartenschau 2001 wieder aufgegraben und begrünt.

Von hier, von der Yorckstraße, führt die Siefertstraße rechts zum Neuen Markt. Hier wird das einzig vollständig erhaltene Altstadtensemble liebevoll rekonstruiert. Schon in neuem Glanz fällt die **Waage** in der Platzmitte auf; der **Kutschstall** wird bis 2002 hergerichtet. In der Waage befindet sich ein Café, dessen ruhige Lage von vielen geschätzt wird. Geht man nämlich weiter durch die Schwertfegerstraße zur Friedrich-Ebert-Straße, befindet man sich wieder auf der lauten innerstädtischen Nord-Süd-Achse. In linker Richtung, am Platz der Einheit, halten alle Straßenbahnlinien. Den Nordrand des Platzes nimmt die **Wilhelmgalerie** ein, der größte und seinerzeit heiß umstrittene Nachwende-Neubau in der Innenstadt. Auch hier gibt es ein Café, im überdachten Innenhof der Passage. Jenseits der Galerie führt uns die Charlottenstraße nach rechts, vorbei am ehemaligen Busbahnhof und der dahinter liegenden katholischen Peter-und-Paul-Kirche aus rötlichem Backstein zur **Französischen Kirche**. Dieser runde Bau entstand für die aus Frankreich nach Potsdam geflohenen Hugenotten. Der Große Kurfürst bestimmte im Potsdamer Edikt 1685, dass etwa 20 000 der Asylsuchenden in Brandenburg aufgenommen werden sollten, um das im Dreißigjährigen Krieg entvölkerte Land voranzubringen.

Vom Hauptportal der Französischen Kirche aus linker Hand gelangt man in Richtung der Katholischen Kirche auf den Bassinplatz. Hier befindet sich der Friedhof einiger der sowjetischen Rotarmisten, die an den Folgen des Kampfes um Potsdam starben. Das Ehrenmal steht an der Stelle, an der im achtzehnten Jahrhundert ein kleines Inselchen im namengebenden Bassin schwamm. Das Bassin war der Rest der sumpfigen Landschaft, der man die barocken Stadterweiterungen abtrotzte. Das Pferd des Soldatenkönigs ertrank an dieser Stelle, der König überlebte den Inspektionsritt knapp. Vom Eingang des Soldatenfriedhofs geht unser Weg rechts über den Bassinplatz zu einer Büste Fontanes. Gegenüber führen die Benkert- und dann links die Mittelstraße wieder zur Friedrich-Ebert-Straße und damit durch das **Holländische Viertel**. Die vier Karrees mit insgesamt 134 Häusern wurden bis 1742 tatsächlich für holländische Siedler gebaut. Damals wurden die Gastarbeiter mit mehr Zuvorkommenheit behandelt als in späteren Zeiten. Das schien auch nötig, war doch Holland Ende des siebzehnten Jahrhunderts zum bestentwickelten europäischen Land geworden. Baukunst, Hofkultur, Künste, Wasserbau und Armeewesen waren auf führendem Stand. Kein Holländer ging freiwillig in das vergleichsweise arme und menschenleere Gebiet östlich der Elbe. Steuervergünstigungen, Mahlrechte und eben dieses Viertel, in dem man sich wie zu Hause fühlen sollte, dienten der Erleichterung des Entschlusses, den wilden Osten mit westlicher Kultur zum Blühen zu bringen.

An der Friedrich-Ebert-Straße fällt rechter Hand das **Nauener Tor** ins Auge, der erste neugotische Bau Preußens von 1755. Am Tor lädt unter anderem das Traditionshaus Café „Heider" zur Stärkung. Vom Nauener Tor aus kann man links – der Trasse der Potsdamer Zollmauer entlang – der Hegelallee folgen. Gleich der Berliner diente auch die Potsdamer Zollmauer des achtzehnten Jahrhunderts der Kontrolle eines Wirtschaftsgebietes und zugleich der Zurückhaltung von Menschen in der Stadt. Die meist nicht freiwillig dienenden Soldaten sollten an der Desertion gehindert werden. Anders als in Berlin sind in Potsdam mehrere Tore der Zollmauer erhalten geblieben. Das älteste ist das nächste, das **Jägertor** von 1733. Es verweist mit seinem Schmuck und seinem Namen auf eins der wesentlichen Motive, die die Hohenzollern dazu bewogen, Potsdam zur Residenzstadt zu machen: Die dichten Wälder und die fischreiche Havel machten die Umgebung Potsdams zu einem guten Jagdgrund.

Links in der Lindenstraße finden sich gleich drei empfehlenswerte Restaurants: das „India-Haus" (Nr. 6), die bretonische Créperie „La Madeleine" (Nr. 9) und das schwäbisch geprägte „Weinkontor" (Nr. 18).

Biegt man von der Lindenstraße noch vor dem Weinkontor nach rechts in die Brandenburger Straße, so läuft man direkt auf das **Brandenburger Tor** zu, welches 1777 entstand. Zwischen diesem und der Katholischen Kirche an der anderen Seite der Straße erstreckt sich die Haupteinkaufsstraße der Potsdamer Innenstadt. An der Ecke des Platzes befindet sich in der Schopenhauerstraße 33 das Restaurant „Alter Stadtwächter". In das Gebäude sind erhaltene Reste der Zollmauer eingebaut. Es diente zeitweilig tatsächlich den Potsdamer Stadtwächtern als Zentrale.

Durch das Brandenburger Tor hindurch gehen wir über den Luisenplatz schräg rechts in der Platzecke zur Allee nach Sanssouci und betreten am Straßenende durch das Grüne Gitter den Schlosspark. Unter den Schlossparkanlagen des Neuen Gartens, des Babelsberger und Glienicker Parkes oder der Pfaueninsel ist der **Park Sanssouci** der älteste und verfügt zugleich über die meisten Bauwerke.

Unser Weg führt rechts zur **Friedenskirche**. Hinter einem Kreuzgang gelangt man in das Innere der Kirche. Sie wurde bis 1848 nach dem Vorbild der römischen Basilika San Clemente unter Friedrich Wilhelm IV. erbaut, der auch hier begraben liegt. Bemerkenswert ist in der Apsis unter anderem das aus Venedig herbeigeschaffte Mosaik aus dem zwölften Jahrhundert. Verlässt man die Kirche, gelangt man wieder in den Kreuzgang. Das rechts befindliche Mausoleum ist jenes für Friedrich, Kaiser von Deutschland, als König von Preußen der dritte seines Namens, und für seine Frau Viktoria. Dem so genannten 99-Tage-Kaiser, der 1888 an einem Krebsleiden starb, war es nicht vergönnt, in seiner kurzen Regierungszeit das Ruder herumzureißen und Deutschland in eine liberale Monarchie nach skandinavischem oder englischem Vorbild zu verwandeln. Er und seine ihn beratende, aus England stammende Frau hätten die deutsche Geschichte anders und demokratischer gestalten wollen.

Vor der Kirche liegt mit dem **Marly-Garten** ein Stück Gartengestaltung des bedeutendsten Garten- und Landschaftsarchitekten Preußens, Peter Joseph Lenné. Hier sieht man ein kleines Paradebeispiel des Landschaftsgartens nach englischem Vorbild. Scheinbar zwanglos sind Garten und Natur ineinander gefügt. Bei näherer Betrachtung erkennt man die sorgfältige Planung des Gesamtkunstwerkes Park. Der Weg in die Ferne schlängelt sich seitlich in Kurven: Man weiß, dass man ihn gehen kann, doch weiß man nicht genau, wo er hinführt; er lässt den Rasen unberührt. In der Ferne sind die Pflanzen so gestellt, dass sich dem Spaziergänger mit der Sicht auf ein Haus ein Ziel auftut. Von links fließen Blumenrabatten in den Rasen hinein, wellenförmig laufen sie von einem künstlichen Hügelchen aus. Als Blickfang steht auf dessen Kuppe inmitten der Blumen die Statue einer Flora. Hier verzahnt sich der „pleasureground", also der erkennbar gestaltete Garten, in Miniaturform sehr anmutig mit dem natürlichen Element, der Wiese, dem Rasen. Dieser wird gegliedert durch einen Baum, der absichtsvoll hochstämmig geschnitten wird, so dass der Blick auf die Anlage frei bleibt und sich dem Kirchgänger eine nachdrückliche Einladung zu einem Spaziergang auftut.

Betrachtet man diese Planung, wird sofort deutlich, warum in den Schlossparkanlagen Potsdams nur das Spazieren auf den Wegen erlaubt ist und Radfahren, Liegen und Laufen auf den Wiesen strengstens untersagt sind. Würden die Menschen, quer durch den Marly-Garten laufend, einen Trampelpfad treten, wäre das Kunstwerk dahin. Wer mit

Kindern neben dem Schlosspark wohnt, hat es gar nicht einfach, dem Nachwuchs zu erklären, warum man bei warmem Wetter nicht in den benachbarten Grünanlagen toben darf.

Wendet man sich nun wieder dem Kirchbau zu, kann man links des Kircheinganges zwischen Büschen und Friedensteich auf einem schmalen Gang in den **Barockgarten** gelangen. Ganz anders als bei Lennés Werk ist hier eine durchgehend geometrische Gestaltung charakteristisch. Zwischen den Hecken hindurch geht es zur Hauptallee. Rechter Hand bildet der **Obelisk** eines der Entrees zum Schlosspark. Baumeister Knobelsdorff entwarf ihn 1748 zu einer Zeit, da die ägyptischen Hieroglyphen noch nicht entziffert waren. Die von ihm vorgegebenen Schriftzeichen auf diesem Obelisken werden späteren Gelehrten zu denken geben.

Auf der anderen Seite der zweieinhalb Kilometer langen Hauptachse erkennt man in der Ferne den Mittelbau des größten Schlosses im Park Sanssouci, des Neuen Palais. Auch hier haben die Gärtner eine immer währende und ehrenvolle Aufgabe. Es gilt, die Pflanzen so zu beschneiden, dass es nicht künstlich aussieht und dennoch die Sichtachsen frei bleiben.

Entlang der Hauptallee in Richtung des Neuen Palais öffnet sich ein Rondell. Es liegt im Holländischen Garten zu Füßen der **Bildergalerie**. Die umstehenden Büsten stellen Mitglieder der niederländischen Statthalterfamilie der Oranier dar, die vielfach mit dem Hause Hohenzollern verwandt ist. Die zwischen 1755 und 1763 erbaute Bildergalerie ist eines der ältesten Gebäude der Museumsgeschichte, das nur dem Zwecke der Ausstellung von Gemälden diente. Hier fanden vor allem Werke niederländischer und italienischer Meister einen Platz, so auch von Rubens und Caravaggio.

An der Großen Fontäne kreuzt die Hauptallee die Mittelachse des eigentlichen **Schlosses Sanssouci**. Dieses ließ sich Friedrich II., der Große, bis 1748 im Rokokostil auf einem Weinberg nach Plänen seines Freundes und Baumeisters Knobelsdorff errichten. Auf den Berg hinauf geht es über die sechs 1744 angelegten Weinbergterrassen.

Damit ist die Westseite des Haveltales erreicht, dessen Ostseite der Brauhausberg, zu Beginn des Spazierganges durch Potsdam im Blickfeld, markiert.

Friedrich wollte hier ohne Sorgen, sans souci, leben können. Deshalb ließ er sich ein vergleichsweise kleines Schlösschen bauen. Alle Funktionen, die man in Schlössern sonst findet, wollte Friedrich möglichst ausgelagert sehen. Deshalb gibt es ein eigenes Haus für die Bilder, deshalb das Neue Palais und die Neuen Kammern westlich des Schlosses Sanssouci für Familie, Gäste und Hofstaat.

Der menschenscheue König hatte in seinen letzten Lebensjahren außer seinen Windhunden kaum noch Freunde. Die Hunde sind beiderseits der Terrasse beigesetzt, Friedrich rechter Hand, mitten unter ihnen. Seinem Wunsche gemäß liegen seine sterblichen Reste in der östlichen Rundung in einer schon 1745 angelegten Gruft. Die Skulptur der Frühlingsgöttin Flora schmückt das Grab. Mit ihr spielt Zephir, der warme Abendwind. Friedrichs letztem Willen bezüglich des Ortes seiner Beisetzung hatte sein Nachfolger und Neffe, Friedrich Wilhelm II., nicht entsprochen. Erst 1991 wurde mit der Überführung des Sarges von der Stammburg der Hohenzollern in Württemberg hierher seinem Wunsche Genüge getan. Ein Vorgang, den die Potsdamer respektlos „Umtopfung" nannten.

Das Schloss ist zum Garten hin mit (auch männlichen) Karyatiden, vor allem Heiterkeit verströmenden Bacchanten, geschmückt, die dem Wein in der Tat zugesprochen zu haben scheinen. Sehr viel strenger wirkt dagegen auf der anderen Schlossseite der Ehrenhof, in dem die Gäste ankamen. Vom Ehrenhof aus wandert der Blick hinüber zum Ruinenberg, der, mit künstlichen Ruinen geschmückt, unter anderem das Bassin enthält, das zur Speisung der Fontänen im Park angelegt wurde. Als Pumpwerk baute man an der Neustädter Havelbucht ein schwarzweiß gestreiftes, einer Moschee nachempfundenes Gebäude.

Die andere Seite des Ruinenberges führt Wanderlustige hinab zum Bundesgartenschau-Gelände. Dieses verbindet in einzigartigerweise den Schlosspark Sanssouci über den Ruinen- und Pfingstberg mit dem Neuen Garten und den drei weiteren Schlossparkanlagen.

Wer zunächst im Park Sanssouci verweilen will, findet jenseits der Maulbeerallee die wieder aufgebaute Holländische Mühle. Gleich dem Ruinenberg tat sie dem romantischen Empfinden jener Zeit Genüge. Hinter der Mühle gelangt man zum Besucherzentrum (Straße An der Orangerie), wo man sich nach Schlossbesichtigungen erkundigen kann. Dem Erstbesucher sei jedoch das weitere Durchwandern des Parkes empfohlen. Schräg gegenüber dem Besucherzentrum gelangt man oberhalb des Nordischen Gartens zum **Orangerieschloss**. Dieser zur Zeit

Friedrich Wilhelm IV., nach 1851 erbaute Komplex diente nicht nur dem Überwintern empfindlicher Pflanzen, sondern beherbergt auch Gemächer, die zunächst für die Tochter Friedrich Wilhelms, die Zarin Alexandra, und ihren Mann Nikolaus gedacht waren.

Das Orangerieschloss gehörte zum Plan eines nicht vollendeten Triumphweges auf der Kuppe des westlichen Haveltal-Höhenzuges. Heute kann man diesen Weg westwärts zum Belvedere verfolgen, das man zu DDR-Zeiten völlig verfallen ließ und welches mit privaten Mitteln wieder aufgebaut wurde.

Ein Stück zurück, Richtung Botanischer Garten und hinunter zur Maulbeerallee, findet man das Drachenhaus. In diesem pagodenähnlichen Gebäude wohnte einst der Weingärtner, heute gibt es hier Kuchen und Getränke.

Solchermaßen gestärkt, kann man den Gang beschließen, indem man die Maulbeerallee quert, den von Lenné gestalteten Rehgarten betritt und am Antikentempel vorbei zum Neuen Palais gelangt.

Das **Neue Palais** diente, wie oben erwähnt, der Aufnahme vieler Funktionen, die Friedrich II. in seinem Sanssouci gestört hätten: Hofstaat, Familie, Gäste, Frauen sollten möglichst hier verbleiben. Zudem hatte dieser Palast ähnlich den Türmen auf dem Berliner Gendarmenmarkt die Funktion, die anderen europäischen Mächte mit seiner Pracht zu beeindrucken und sie somit vor dem mächtig gewordenen Preußen zu warnen. Die Architektur war allerdings sehr konservativ; die Zeit des Barock war bei der Errichtung des Neuen Palais 1769 schon Vergangenheit.

Imposant ist der Figurenschmuck, über 420 Statuen verzieren den Komplex. Auf der anderen Seite des Schlosses stehen mit den Communs die Wirtschaftsgebäude, die heute von der Universität Potsdam genutzt werden.

Von hier aus fahren Busse der Linie 695 Richtung Potsdam Hauptbahnhof. Wer noch Zeit und Lust hat, verlässt den Bus an der Haltestelle Reiterweg/Alleestraße. Hier beginnt die russische **Blockhauskolonie Alexandrowka**. An der russisch-orthodoxen Alexander-Newski-Kirche vorbei gelangt man zum Belvedere auf dem Pfingstberg und wieder hinab zum Neuen Garten mit dem Schloss Cecilienhof und dem Marmorpalais.

Im Schloss lässt es sich fürstlich tafeln; in der Altstadt kann man bürgerlich essen, so zum Beispiel im Holländerviertel, am Nauener Tor oder in der erwähnten Lindenstraße.

Charlottenburg:
Olympiastadion, Schloss und Funkturm

Der Ausgangspunkt für unseren Spaziergang ist der U-Bahnhof Richard-Wagner-Platz (U-Bahnlinie 7). Beim Aufstieg aus dem Untergrund zur Otto-Suhr-Allee fällt sofort das **Rathaus Charlottenburg** auf. Der mächtige Jugendstil-Bau wurde 1905 beendet. Vor allem mit seinem Turm setzten die reichen Charlottenburger ein Zeichen des Selbstbewusstseins, auch gegen eine drohende Eingemeindung nach Berlin. Diese erfolgte 1920. Heute bildet Charlottenburg mit Wilmersdorf einen der Fusions-Großbezirke.

Hinter dem Rathaus liegt die Straße Alt-Lietzow, deren Name auf den einst hier befindlichen Dorfkern hinweist, die Keimzelle der Besiedlung. Vom Dorf ist noch die Form des Angers im Straßenverlauf erhalten.

Mehr Sehenswertes bietet die Altstadt, die man, vom Richard-Wagner-Platz kommend, über die Schustehrusstraße erreicht. Auf dem Gierkeplatz steht die 1716 fertig gestellte **Luisenkirche**, die bis 1826 von Karl Friedrich Schinkel umgeformt wurde. Manche der Häuser verraten noch ihren Ursprung aus der Entstehungszeit der städtischen Siedlung namens Charlottenburg, die neben dem alten Dorf Lietzow gegründet wurde. Das Haus Schustehrusstraße 13 beispielsweise stammt im Kern aus dem Jahre 1712.

Der Straße weiter folgend, erreicht man die Schloßstraße. Hier lohnt sich ein Rundgang. Nach links Richtung Zillestraße findet man eine Doppelturnhalle und ein Wohngebäude der beliebten Architekten Hinrich und Inken Baller aus den Jahren 1987 und 1988. Auf der Mittelpromenade wird am Wochenende gern Boule gespielt, und in den Vorgärten wird an einigen Stellen ausgeschenkt. Prominentester dieser Biergärten ist in der Nummer 22 die „Kastanie". Vom Mittelstreifen der Schloßstraße aus erblickt man durch die Bäume hindurch schon die Kuppel des Schlosses.

Auf dem Weg dorthin erreicht man den Museumsschwerpunkt Charlottenburg. Linker Hand wartet das **Bröhan-Museum** mit seiner sehenswerten Sammlung von Art-Deco- und Jugendstil-Kunsthandwerk so-

wie Jugendstilmöbeln und anderem auf. Auf der gleichen Seite wird die
Straße von einem ehemaligen Kasernenbau des Baumeisters Stüler ab-
geschlossen. Hier ist eine wertvolle Leihgabe ausgestellt: Der in Berlin
geborene und seiner jüdischen Herkunft wegen zur Emigration gezwun-
gene Kunsthändler Heinz Berggruen hat als Zeichen der Versöhnung
seiner Vaterstadt eine Sammlung moderner Gemälde – die **Sammlung
Berggruen** – zur Verfügung gestellt. Allein die Werke Picassos sind einen
Besuch wert. Gegenüber warten mit dem **Ägyptischen Museum** (vor
seinem Umzug auf die Museumsinsel) und dem **Heimatmuseum Charlottenburg** weitere Ausstellungen auf Besucher. Sehenswert ist auch die
Abgusssammlung Antiker Plastik mit über 600 Exponaten in der Schloßstraße 69 b. Doch damit nicht genug: Jenseits des Spandauer Damms
steht das **Schloss Charlottenburg** mit weiteren Ausstellungen. Die **Galerie der Romantik** allerdings zieht im Jahr 2001 auf die Museumsinsel
und verlässt somit den Ostflügel, den so genannten Knobelsdorff-Flügel
des Schlosses. Georg Wenzeslaus von Knobelsdorff ist nur einer der am
Bau der Anlage beteiligten berühmten preußischen Baumeister.

Rechts hinter diesem Flügel, zur Schloßbrücke hin, steht der **Schinkel-
Pavillon**, als Wohnung für Friedrich Wilhelm III. gebaut. Den Westflügel
schuf Eosander von Göthe als **Orangerie**. Dieser Flügel endet mit dem
ehemaligen Schlosstheater, von Langhans entworfen. Auch hier gibt es
eine sehenswerte Sammlung: Das **Museum für Vor- und Frühgeschichte**
hat hier seinen Sitz. Eine weitere Ausstellung füllt das **Belvedere** am
Spreeufer im Schlosspark, in welchem Porzellan der KPM, der ehemalig
Königlich Preußischen Porzellanmanufaktur, ausgestellt ist. Ferner findet sich im Garten das Mausoleum der beliebten preußischen Königin
Luise, in welchem auch die Sarkophage ihres Gemahls Friedrich Wilhelm III. und des Kaisers Wilhelm I. sowie seiner Frau Augusta stehen.

Im Hauptgebäude wie auch in dem oben erwähnten Knobelsdorff-
Flügel kann man wiederhergestellte Räume bewundern. Sie lassen den
Kriegszerstörungen zum Trotz wieder etwas von der Atmosphäre des
einstigen Sommerschlosses der Hohenzollern ahnen. Erbaut wurde der
zunächst bescheidene Mittelbau ohne Kuppel bis 1699 für die Kurfürs-
tin Sophie Charlotte, die ab 1701 erste preußische Königin war. Nach
Sophie Charlottes frühem Tod wurde das nach dem nahe gelegenen Dorf
Lietzenburg benannte Schloss 1705 zu ihren Ehren in Charlottenburg
umbenannt.

Im Hof steht das bedeutendste erhaltene Reiterstandbild nördlich der Alpen, bis 1703 unter der Leitung von Andreas Schlüter entstanden. Seit 1950 reitet der Große Kurfürst, der bis zum Krieg die Berliner Rathausbrücke schmückte, hier Richtung Schloßstraße.

Ob reitend oder laufend: Die Schloßstraße bringt all jene, die noch mehr von Charlottenburg sehen wollen und nicht den gesamten Tag im und am Schloss verbracht haben, zum U-Bahnhof Sophie-Charlotte-Platz am Südende der Straße.

Von hier aus fährt die U-Bahnlinie 2 in Fahrtrichtung Ruhleben zum Theodor-Heuss-Platz. Von der Mittelinsel des Platzes aus geht der Blick – am Wiedervereinigungs-Mahnmal mit der Ewigen Flamme stehend – über die Ost-West-Achse Richtung Ernst-Reuter-Platz, Siegessäule, Brandenburger Tor und Rotes Rathaus. Ferner schmückt den Platz der blaue Glasobelisk von Hella Santarossa. An der Südseite des Platzes waren Einrichtungen der britischen Besatzungsmacht West-Berlins einquartiert, unter anderem ein Einkaufszentrum.

Das Hochhaus an der Südostseite des Platzes beherbergt das Fernsehzentrum des Senders Freies Berlin (SFB), dessen Name schon auf die Entstehungszeit im Kalten Krieg verweist. In der Masurenallee schließt sich das denkmalgeschützte **Haus des Rundfunks** an, das erste seiner Art in Deutschland. Es wurde 1929 unter der Leitung von Hans Poelzig gebaut.

Gegenüber bildet das Palais am Funkturm einen der Eingänge zur Berliner Messe. Auf ihrem Gelände ragt auch der „Lange Lulatsch" in die Höhe, der zwar noch nicht einmal die halbe Höhe des Bruders am Alexanderplatz aufweisen kann, dafür aber wesentlich älter ist. Das 150 Meter hohe Stahlgerüst des **Funkturms** entstand bis 1926. Es trug damals den ersten UKW-Sender der Welt und bietet heute neben dem Restaurant auch eine Aussichtsplattform.

Durch eine Brücke ist die Messe mit dem **Internationalen Congress Centrum** ICC verbunden, der „Halle Größenwahn" der Architekten Ralf Schüler und Ursulina Schüler-Witte. Im Jahr 1979 wurde hier eines der bis heute modernsten und erfolgreichsten europäischen Kongresszentren eröffnet.

Der Messedamm führt nach links zum U-Bahnhof Kaiserdamm der U-Bahnlinie 2. Richtung Ruhleben fahren Züge bis zum Bahnhof Olympiastadion (Ost). Über den weitläufigen Olympischen Platz gelangt man zum **Olympiastadion**, dem Stadion der Olympischen Spiele von 1936. Damals gelang es den Nationalsozialisten, dem größten Teil Deutschlands und der Welt einen Sommer lang ein Trugbild vorzugaukeln. Das nationalsozialistische Deutschland trat als (fast) zivilisiertes Mitglied der Staatengemeinschaft auf. Das Stadion ist ein eleganter Bau des Architekten Werner March. Entgegen den Wünschen mancher Nationalsozialisten wurde die Hälfte der Baumasse in den Erdboden eingelassen, so dass die Anlage etwas von ihrer Monumentalität verlor. Es bleibt abzuwarten, ob der bis zur Fußball-Weltmeisterschaft 2006 abgeschlossene Umbau die klare Gliederung und Linienführung des Stadions erhalten wird. Eingebettet ist das Olympiastadion in die Anlagen des Reichssportfeldes, welches zur Zeit der ersten deutschen Republik eingerichtet wurde. Dazu gehört nördlich des Olympiastadions das Schwimmstadion sowie Anlagen für Fechten, Reiten und Hockey. Nördlich des Olympischen Platzes hatte die britische Besatzungsmacht ihr Hauptquartier in West-Berlin.

Zum Reichssportfeld gehört auch der Glockenturm, der bestiegen werden kann, sowie westlich des Maifeldes die **Waldbühne**, Berlins berühmte Freiluftarena.

Von der Südseite des Olympiastadions her erreicht man den S-Bahnhof Olympiastadion. Hier beginnt auch die Flatowallee. Sie heißt nach den Brüdern Flatow, welche bei den ersten Olympischen Spielen der Neuzeit 1896 für Deutschland Medaillen im Turnen errangen. Von Dienststellen des gleichen Landes wurden sie 1943 im Konzentrationslager Theresienstadt ermordet.

Der Gang durch Charlottenburg endet am S-Bahnhof Olympiastadion. Von hier aus verkehren Züge nach Spandau oder zum Westkreuz mit Anschluss an den Südring oder die Stadtbahn. Dort kann man am Savignyplatz oder Zoo aussteigen und ist immer noch in Charlottenburg, um sich zu stärken.

Köpenick:
Hauptmann, Schloss und Müggelsee

Köpenick liegt im Südosten Berlins, hat rund 100 000 Einwohner und gehört zum größten Berliner Bezirk, den es zusammen mit Treptow bildet – 168 Quadratkilometer ist dieser groß. Überschaubar dagegen ist der Köpenicker Altstadtkern. Als Ausgangspunkt für eine Erkundung ist der S-Bahnhof Spindlersfeld (S-Bahnlinie 10, im 20-Minuten-Takt) besonders geeignet.

Benannt ist der Ortsteil nach dem Berliner Färberei- und Wäschereibesitzer Wilhelm Spindler. Nach 1873 siedelte er hier im wasserreichen Köpenick seine Betriebe an und ließ Berlins erste Werkssiedlung und später den S-Bahnhof bauen. Zu DDR-Zeiten hießen die Betriebe VEB Rewatex, nach der Wende wurden sie umbenannt in Larosé.

Verlässt man den Bahnhof rechter Hand Richtung Oberspreestraße, führt diese dann bis zur Langen Brücke. Unterwegs passiert man das denkmalgeschützte ehemalige Dorotheen-Lyzeum des Architekten Bruno Taut aus dem Jahre 1929.

Auf der Langen Brücke überquert man mit Blick auf das Schloss die Dahme. Sie mündet in Sichtweite links der Brücke in die Spree und ist der größte ihrer Nebenflüsse. Jenseits der Dahme führt gleich rechts eine Holzbrücke über einen Graben zur Schlossinsel, Ausgangspunkt der Besiedlung Köpenicks zur Slawenzeit im Frühmittelalter.

Auf der Schlossinsel stand die Burg eines slawischen Herrschers. Diese Siedlung hatte etwa fünfzig Meter Durchmesser. Nach der Eroberung und Christianisierung der Mark Brandenburg durch den Markgrafen Albrecht den Bären entstand hier eine deutsche Burg, die später durch das heute zu besichtigende **Schloss** ersetzt wurde.

Jenseits des Schlossgrabens durchschreitet man das Hauptportal zur Insel. Auf beiden Seiten des Portales ist vermerkt, wer es wann erbauen ließ: 1682 der Brandenburgische Kurprinz Friedrich, der erste preußische König. Er verfolgte den Neubau jedoch nicht weiter, nachdem seine erste Frau, Henriette, verstorben war. Seine zweite Frau, Sophie Charlotte, entschied sich für einen Schlossneubau im heutigen Charlottenburg. Damit blieb in Köpenick nur ein Teil der Planungen ausgeführt. Das heutige Hauptgebäude war ursprünglich als Seitenflügel gedacht. Es diente bis 1926 unter anderem als Lehrerseminar und ist seit 1963 Kunstgewerbemuseum. In der ehemaligen Hauptstadt der DDR übernahm es damit die Funktion des 1950 gesprengten Berliner Stadtschlosses. Nun wird das Schloss in Köpenick im Rahmen des Kunstgewerbemuseums zu einem Museum für Raumkunst der Renaissance und des Barock umgestaltet. Nach und nach entstehen einzelne Epochenräume.

Gegenüber dem Schloss steht die **Schlosskirche**. Sie wurde 1685 nach Plänen Johann Arnold Nerings fertig gestellt und als erster evangelischer Zentralbau in Brandenburg für die hiesige reformierte Gemeinde eingeweiht. Diese Gemeinde bestand vornehmlich aus Hugenotten, den französischen Glaubensflüchtlingen des siebzehnten Jahrhunderts.

Verlässt man die Schlossinsel und wendet sich nach rechts, entlang der Müggelheimer Straße, passiert man den Frauentog. Diese Bucht hat ihren Namen nach der Sage über die tapferen Frauen Köpenicks, die durch nächtliches Fischen die Stadt in bitterer Not retteten.

Rechts biegt dann die Straße **Kietz** ab, womit der Bereich eines alten slawischen Fischerdorfes erreicht ist. Die Slawen, die nicht mehr in der Burg wohnen durften, gingen hier ihrem Gewerbe nach. Viele der mittlerweile rekonstruierten Häuschen atmen noch den Charme der alten, kargen Zeit. An manchen Eingängen findet man Hinweise auf das ursprüngliche Gewerbe der Bewohner, zum Beispiel an den Häusern Nummer 8, 13, 22 und 28, wo auch das Köpenicker Wappen auf einem Schild zu finden ist. Erst 1898 wurde Kietz nach Köpenick eingemeindet. Zurück auf der Müggelheimer Straße gelangt man zu den Plattenbauten, Nummern 10 bis 12, die Keramikdarstellungen des Gewerbezweiges zeigen, der schon weit vor den Brüdern Spindler für Köpenick enorme Bedeutung hatte: der Lohnwäscherei. Köpenick galt als die Waschküche Berlins, mit Wasser an allen Seiten und großen Wiesen zum Trocknen und Bleichen ideal gelegen. Zudem war das Köpenicker Wasser immer schon sauberer als jenes inner- oder unterhalb Berlins.

Der Kietzer Straße links der genannten Häuser folgend, überquert man den Kietzer Graben. Die Altstadt liegt wie das Schloss auf einer Insel. Vom Schüßlerplatz führt unser Weg rechts über die Jägerstraße und weiter links die Lüdersstraße zum Futranplatz. In der Altstadt Köpenicks hat man noch einiges vor sich, bevor die städtische Dichte der Vorkriegszeit wiederhergestellt ist. Die allmähliche Sanierung begleitet man im Haus Katzengraben 14 – am Platz –, in dem auch sonstige Gemeinwesenarbeit stattfindet.

Dass Köpenick von Fabriken mit rauchenden Schloten geprägt war, mag man kaum glauben. Doch gehört der einst größte Industriestandort Berlins, Oberschöneweide, zum Bezirk. Auf dem Futranplatz gibt es zwei Gedenksteine, die an Fabrikarbeiter erinnern, besonders an den Namensgeber des Platzes und an seinen Einsatz gegen den rechten Kapp-Putsch 1920.

Jenseits des Platzes lädt das Restaurant „Lehmofen" zu anatolischer Küche mit Spreeblick. Es befindet sich auf dem Hof des Hauses Freiheit 12 – in einer ehemaligen Dampfwäscherei, wo sonst.

Die Lüdersstraße führt links in die Straße Freiheit. Hier gibt es zwei Hinweise auf die Zeit des Faschismus, an deren Ende die Köpenicker Altstadt im Krieg schwer zerstört wurde. Am Grundstück Freiheit 8 erinnert eine Tafel an die am 9. November 1938 von den Faschisten zerstörte Synagoge Köpenicks. 1933 umfasste die jüdische Gemeinde noch rund 600 Mitglieder. Gegenüber trifft man am Haus Nummer 14 die evangelisch-reformierte Schlosskirchengemeinde wieder, und an der Schmalseite des Hauses wird einem Pfarrehepaar gedacht, das zur nationalsozialistischen Zeit Verfolgten Zuflucht bot.

Die Freiheit mündet in die Straße Alt-Köpenick. An der Stadtpfarrkirche St. Laurentius vorbei führt diese bis zu Köpenicks **Rathaus**, gebaut aus rotem Backstein. Der Haupteingang befindet sich im Sockel des Turmes. Von den Stufen herab kommt ein Herr aus Metall den Besuchern entgegen, der berühmte **Hauptmann von Köpenick**. Die eigentlich tragische Geschichte des armen Schusters Voigt, der in die Mühlen der kaiserlichen Justiz geriet und sich mit Hilfe einer geliehenen Uniform in diesem Rathaus aus der ärgsten Armut befreien wollte, entlarvte das wilhelminische Deutschland in populärer Weise als Obrigkeitsstaat. Selbst der Kaiser soll gelacht haben, die Armut und die Uniformhörigkeit blieben aber.

Über dem Eingang des 1904 gebauten Rathauses trifft man das Stadtwappen wieder. Es erzählt von der Verbundenheit Köpenicks mit dem Wasser. Die sieben Sterne der Plejaden, das Schutzgestirn der Fischer, der goldene Schlüssel, Symbol für Petrus, den Schutzheiligen der Fischer, und zwei silberne Fische schmücken es.

Diesem Wappen fehlt aber auch etwas: Im Gegensatz zur heutigen Version ist dieses nicht mit dem Berliner Bären geschmückt. Es stammt aus der Zeit, da Köpenick noch nicht nach Berlin eingemeindet war. Erst 1920 ereilte die Stadt das Schicksal, der Reichshauptstadt angegliedert zu werden. Damit endete die Geschichte einer selbständigen Gemeinde, die älter als Berlin ist. Als es von Berlin noch keine Nachricht gab, kämpfte Jaxo von Köpenick in der Mitte des zwölften Jahrhunderts als einer der letzten Slawenfürsten gegen den Markgrafen von Brandenburg.

Im Ratskeller (Alt-Köpenick) gibt es die Gelegenheit, sich zu stärken und eine Rast einzulegen, die an den Wochenenden mit etwas Glück von einem Jazzkonzert begleitet wird.

Das Rathaus im Rücken, erreicht man die Dampferanlegestelle Luisenhain und kann nach rechts am Ufer der Dahme entlang bis zu deren Mündung in die Spree spazieren. Gegenüber erkennt man noch bauliche Relikte der bereits erwähnten Spindlerschen Betriebe.

Die Dammbrücke führt über die Spree hinüber in die Dammvorstadt. An der katholischen Kirche und der ehemaligen Post vorbei geht es über die Lindenstraße zum Platz des 23. April, dem Tag der Befreiung Köpenicks von den Faschisten durch die Rote Armee.

Auf dem Platz steht ein Denkmal mit einer erhobenen Faust. Es erinnert an die Köpenicker Blutwoche vom Juni 1933, als mindestens 23 Köpenicker von der SA der Nationalsozialisten umgebracht wurden.

Von hier aus kann man über Köpenicks wichtigste Einkaufsstraße, die Bahnhofstraße, zum S-Bahnhof Köpenick laufen oder die Straßenbahnen und Busse benutzen. Kurz vor der S-Bahn taucht mit dem Forum Köpenick eines der mittlerweile für Ost-Berlin typischen Einkaufszentren der Nachwendezeit auf. Diese sollen die Abwanderung der Kaufkraft in ähnliche Einrichtungen auf der Brandenburgischen grünen Wiese verhindern, doch bereiten zugleich den kleinen Läden in der gewachsenen Stadt Sorgen.

Mit der S-Bahn kann man von hier aus schöne Ausflüge unternehmen. Das erste Ziel ist dabei gewiss der **Müggelsee**, der größte der Berliner Seen. Nach zwei Stationen lohnt sich vom S-Bahnhof Friedrichshagen aus ein Spaziergang durch die Bölschestraße zu einer der besten Berliner Brauereien, dem Bürgerbräu am Müggelseedamm. Empfehlenswert ist die Gaststätte „Bräustübl", Müggelseedamm 164–166, sowohl der Einrichtung als auch des guten Essens wegen. Zuweilen gibt es auch Konzerte, dienstagabends beispielsweise Jazz.

Hier fließt nicht nur das Bier in Strömen, sondern auch die Müggelspree aus dem See. Von der nahen Anlegestelle aus befahren Schiffe die Gewässer. Die Anlegestelle erreicht man links der Brauerei über die Josef-Nawrocki-Straße. Gegenüber vom Haus Nummer 19 führt ein Weg zum Wasser, zur Anlegestelle und zum Spreetunnel, den Spaziergänger Richtung Alt-Köpenick nutzen.

Etwas weiter das Ufer hinauf befindet sich am Müggelseedamm 307 das über hundert Jahre alte **Wasserwerk Friedrichshagen** mit sehenswertem eigenem Museum. Hinter dem Wasserwerk kann man bis zum Strandbad am Müggelseeufer spazieren gehen.

Nach Spaziergang, Museum oder Schiffstour laden die vielfältigen Restaurants rund um die Bölschestraße zur Rast ein. Einige erzählen noch von der Kargheit der 1753 unter Friedrich II. gegründeten Weberkolonie Friedrichshagen. Diese entwickelte sich zur Sommerfrische für Berliner Bürger. Um Wilhelm Bölsche und Bruno Wille entstand nach 1890 der Friedrichshagener Kreis, dem weitere Autoren angehörten und der Gäste wie Gerhart Hauptmann und Erich Mühsam hatte.

Den Zeiten der Weber oder der Sommerfrischler kann man nachspüren in der Bölschestraße 12 A, im Café „Le Métier", oder im Hof des Hauses Nummer 10, im „Kiboko". In derselben Straße gibt es noch zahlreiche weitere Gaststätten. Kurz: Friedrichhagen bietet den Köpenick-Entdeckern einen stärkenden Tagesausklang.

Service

Öffentlicher Nahverkehr und Kartenvorverkauf

Wer sich in Berlin mit dem Auto fortbewegen möchte, kann dies besser tun als in vielen anderen deutschen Städten. Die Straßen sind breiter, und der Verkehr ist zuweilen flüssiger. Dennoch gilt: Die Konzentration auf den oft hektischen Autoverkehr mit Deutschlands kürzesten Ampelschaltphasen macht keine Freude. Dazu kommt das Parkplatzproblem, das auch durch die Einrichtung von kostenpflichtigen Parkzonen in der Innenstadt in den letzten Jahren nicht besser wurde.

Deshalb ist der öffentliche Personen-Nahverkehr (ÖPNV) doch (meist) die bessere Art, sich fortzubewegen. Zwei Unternehmen betreiben den ÖPNV: Die S-Bahn-Berlin GmbH und die Berliner Verkehrsbetriebe BVG.

Im ehemaligen Ostteil der Stadt verkehren neben S- und U-Bahn auch zahlreiche Straßenbahnen. Im Westen wurde die Straßenbahn 1967 stillgelegt; eine Linie wurde bislang in den Wedding hinein verlängert.

Bei den Buslinien sind für Besucher besonders die Linien mit den Doppeldecker-Bussen reizvoll. Vom ersten Stock aus hat man hier eine gute Übersicht. Besonders interessante Strecken fahren der BUS 100 (vom Zoo zum Alexanderplatz über Siegessäule, Brandenburger Tor und Unter den Linden), der Bus 200 (vom Zoo über den Potsdamer Platz zum Alexanderplatz) und der BUS 129 (vom Villenviertel Grunewald über Ku'damm und Kreuzberg nach Neukölln).

Ein relativ dichtes Nachtbusnetz betreibt die BVG in den Betriebspausen der Bahnen, mit denen man ab etwa 0.30 Uhr rechnen sollte. S-Bahnen verkehren meist länger, die U-Bahnlinien 9 und 12 (Teile der Tageslinien 1 und 2) fahren in den Wochenendnächten durchgehend. Die Nachtbusse treffen sich an zentralen Orten (etwa Zoo oder Hackescher Markt) und sollen zwecks Umsteigemöglichkeit aufeinander warten. Sie verkehren meist ein- bis zweimal in der Stunde.

Für Fahrten nach Potsdam sind zur Fahrtzeitverkürzung auch die Regionalzüge der Deutschen Bahn zu empfehlen.

Alle genannten Verkehrsmittel des ÖPNV gehören zum gleichen Tarif-Verbundsystem. Die Zonen A und B umfassen das Berliner Stadtgebiet, in der Zone C liegt unter anderem Potsdam. Für eine (!) Fahrt in die Zone C hinein (oder heraus) kann man einen günstigen „Anschlussfahrschein" erwerben. Hat man vor, in Zone C herumzufahren, muss man einen Fahrschein für die Zonen C und B kaufen oder gleich rechtzeitig eine ABC-Fahrkarte.

Die Einzelfahrscheine gelten zwei Stunden für alle Fahrten und sind in sämtlichen Verkehrsmitteln des ÖPNV inklusive der BVG-Fähren benutzbar. Ab drei Fahrten am Tag lohnt sich der Kauf einer Tageskarte. Es gibt auch Mehrtageskarten, darunter die Dreitageskarte „WellCome-Card", die auch Vergünstigungen bei Eintritten und Veranstaltungen bietet, und die Kleingruppenkarte für bis zu fünf Personen.

In Ergänzung zum ÖPNV bietet sich das Taxi an. Eine „Kraftdroschke" kann man auch zum Kurzstreckentarif benutzen. Voraussetzung ist, dass der Wagen frei und in Fahrt ist und „Kurzstrecke" angesagt wird. Dann fährt der Chauffeur Sie für fünf Mark zwei Kilometer weit. Sollten Sie weiter fahren, stellt das Taxameter sich automatisch auf den Normaltarif um. Die Berliner Taxitarife sind gemäßigt und die Fahrer meist zuverlässig. Vor allem nachts geht es zügig über die dann leeren Straßen.

Tagsüber kann man in der warmen Jahreszeit zwischen Zoo und Alexanderplatz auch die Velotaxis (Rikschas) benutzen, die den müden Füßen eine Pause bieten. Ein eigenes Rad kann man sich an vielen Stellen, z. B. in der Fahrradstation Hackesche Höfe, mieten.

Mit dem Schiff kann man in Berlin eine richtige Stadtrundfahrt machen. Dies ist eine der schönsten Arten, Berlin kennen zu lernen. Dreieinhalb Stunden dauert die Fahrt über Spree und Landwehrkanal, dabei fährt man im Kreis an zahlreichen Sehenswürdigkeiten vorbei. Die Dampfer starten unter anderem an der Jannowitzbrücke oder an der Schloßbrücke neben dem Schloss Charlottenburg. Einstündige Kurzfahrten in holländischen Grachtenbussen über die Spree beginnen an der Schloßbrücke im Bezirk Mitte neben dem Zeughaus.

Dass Berlin in ein herrliches Umland aus Wäldern und Wasser eingebettet ist, kann man bei Schiffstouren ab den Häfen Treptow, Tegel, Wannsee, Köpenick oder Potsdam, Lange Brücke feststellen.

Für den Erwerb von Theater- und Konzertkarten finden Sie im Adressenverzeichnis Kassen, die an unseren Routen liegen. Das Berliner Kulturleben ist so reichhaltig, dass man auch kurzfristig interessante Veranstaltungen besuchen kann. Kurzentschlossene können auch etwa eine Stunde vor den Veranstaltungen an den Abendkassen Glück haben oder sich bei Hekticket (ebenfalls im Adressenteil zu finden) verbilligt noch vorhandene Karten holen.

Veranstaltungshinweise finden sich unter anderem in den Stadtmagazinen „tip" und „Zitty" oder im für drei Mark erhältlichen „Berlin-Programm", das monatlich erscheint und deutschlandweit zu kaufen ist.

Weiterführende Literatur

Bahr, Christian: Sprung in die Zukunft. Das neue Berlin: Veränderungen im Stadtbild. Jaron 1999. 39,80 DM

Bienert, Michael: Berlin. Wege durch den Text der Stadt. Klett-Cotta 1999. 36,– DM

Cobbers, Arnt: Architekturführer. Die 100 wichtigsten Berliner Bauwerke. Jaron 2001 (3. Aufl.). 19,80 DM

Cobbers, Arnt: Die Museen in Berlin. 170 x Kunst, Geschichte, Technik und Natur. Jaron 2001. 19,80 DM.

Cullen, Michael: Der Reichstag. Im Spannungsfeld deutscher Geschichte. be.bra 1999. 19,95 DM

Gauglitz, Gerd O.: Die neuen Berliner Bezirke und die Geschichte des Berliner Stadtgebietes (Faltplan). Edition Gauglitz 2000. 3,80 DM

Gauglitz, Gerd O.: Wo hat eigentlich Fontane gewohnt? Ein Künstler-Literaten-Stadtplan von Berlin. Edition Gauglitz 1999 (4. Aufl.). 24,80 DM

Haack, Manfred: Bundeshauptstadt Berlin. Politisch-historischer Stadtführer. Dietz 1995. 19,80 DM

Hoppe, Ralph: Quer durch Mitte. Das Klosterviertel. Haude & Spener 1997. 19,80 DM

Jodock: Auf Havel, Spree und Landwehrkanal. Mit dem Dampfer Berlin und Umgebung entdecken. Jaron 1999. 16,80 DM

Kieren, Martin (Hrsg.: Förderverein Deutsches Architektur Zentrum): Neue Architektur, Berlin 1990–2000. Jovis 2000 (3. Aufl.). 49,80 DM

Knobloch, Heinz: Berlins alte Mitte. Rund um den Lustgarten. Jaron 1999 (2. Aufl.). 29,80 DM

Knobloch, Heinz: Herr Moses in Berlin. Fischer 1998 (3. Aufl.). 19,90 DM

PreußenJahrBuch. Ein Almanach. Hrsg.: MD Berlin in Zusammenarbeit mit den Landesmuseumsverbänden in Berlin und Brandenburg. MD (Museumspädagogischer Dienst) 2000. 10,– DM

Rada, Uwe: Hauptstadt der Verdrängung. Berliner Zukunft zwischen Kiez und Metropole. Schwarze Risse 1997. 32,– DM

Rebiger, Bill: Das jüdische Berlin. Kultur, Religion und Alltag gestern und heute. Jaron 2000. 19,80 DM

Ribbe, Wolfgang, Schmädecke, Jürgen: Kleine Berlin-Geschichte. Stapp-Verlag 1994. 34,– DM

Schweitzer, Eva: Großbaustelle Berlin. Wie die Hauptstadt verplant wird. Ullstein 1998. 16,80 DM

Stratenschulte, Eckart D.: Kleine Geschichte Berlins. dtv 1997. 9,90 DM

Theiselmann, Christiane: Theaterführer. 100 x Bühnenkunst in Berlin. Jaron 1998. 19,80 DM

Wichtige Adressen

[Vorwahl Berlin: (030)]

INFORMATION – STADT

Berlin Tourismus Marketing GmbH BTM
Europacenter, Ausgang Budapester Straße
Tel. 25 00 25
Montag bis Sonnabend 8.30 bis 20.30 Uhr, Sonntag 10 bis 18.30 Uhr
Zweigstelle Brandenburger Tor
Täglich 9.30 bis 18 Uhr
Zweigstelle Haupthalle Flughafen Tegel
Täglich 5 bis 22.30 Uhr

Informationszentrum zur Hauptstadtplanung
Behrenstraße 39, 10117 Berlin
Tel. 201 77 23–0
Täglich 9 bis 19.30 Uhr

Potsdam-Information
Touristenzentrale am Alten Markt
Friedrich-Ebert-Straße 5, 14467 Potsdam
Tel. (0331) 29 11 00 oder 27 55 80

INFORMATION – VERKEHR

Berliner Verkehrsbetriebe (BVG)
Potsdamer Straße 188, 10783 Berlin
Tel. 194 49

S-Bahn Berlin GmbH
Invalidenstraße 130–131, 10115 Berlin
Tel. 29 71 98 43

Deutsche Bahn AG
Info-Telefon 297–12 971
Auskünfte Reisezüge Tel. (01805) 99 66 33

Zentral-Omnibusbahnhof ZOB
Masurenallee 4, 14057 Berlin
Auskunft Tel. 301 80 28

Berlin Brandenburg Flughafen Holding GmbH
Flugauskunft Tel. (0180) 500 01 86

Verkehrsbetrieb Potsdam (ViP)
Holzmarktstraße 6–7, 14467 Potsdam
Tel. (0331) 237 52–75

Reederei Riedel
Planufer 78, 10967 Berlin
Tel. 691 37 82 oder 693 46 46

Reederverband
Gierkezeile 26, 10585 Berlin
Tel. 342 24 31
Kasse Wannsee, Rönnebypromenade
Tel. 803 87 53

Stern und Kreisschiffahrt
Puschkinallee 16–17, 12435 Berlin
Tel. 53 63 60–0

Weisse Flotte Potsdam
An der Langen Brücke, 14467 Potsdam
Tel. (0331) 275 92–10 oder –20

MUSEEN

Ausstellung Stube Kammer Küche
Husemannstraße 12, 10435 Berlin
Tel. 442 25 14
Montag bis Donnerstag 10 bis 15 Uhr

Museum Haus am Checkpoint Charlie (Mauer-Museum)
Friedrichstraße 43–45, 10969 Berlin
Tel. 253 72 50
Täglich 9 bis 22 Uhr

Potsdam-Museum
Breite Straße 8–12, 14467 Potsdam
Tel. (0331) 289 66 00
Dienstag bis Sonntag 9 bis 17 Uhr,
zusätzlich der erste Montag im Monat 9 bis 17 Uhr (Eintritt ermäßigt)

Stiftung Preußische Schlösser und Gärten Berlin-Brandenburg
Am grünen Gitter 2, 14469 Potsdam
Tel. (0331) 96 94-0

Stiftung Preußischer Kulturbesitz
Staatliche Museen zu Berlin
Stauffenbergstraße 41, 10785 Berlin
Tel. 266-0
Die Staatlichen Museen sind montags geschlossen,
Kernöffnungszeiten: Dienstag bis Freitag 10 bis 18 Uhr,
Sonnabend und Sonntag 11 bis 18 Uhr

   Ägyptisches Museum und Papyrussammlung
   Schloßstraße 70, 14059 Berlin
   Tel. 320 91-1

   Gemäldegalerie
   Matthäikirchplatz 8, 10785 Berlin
   Tel. 20 90-55 55

„Hamburger Bahnhof", Museum für Gegenwart
Invalidenstraße 50–51, 10557 Berlin
Tel. 397 83 40

Museumsinsel:
Informationsstand Pergamonmuseum
Tel. 2090–5577,
Info-Tel. 20 90–55 55
Alte Nationalgalerie, Altes Museum, Antikensammlung,
Museum für Islamische Kunst, Vorderasiatisches Museum;
Münzkabinett, Museum für Spätantike und Byzantinische Kunst
und Skulpturensammlung sind zur Zeit geschlossen.
Bodestraße 1–3, 10178 Berlin

Sammlung Heinz Berggruen
Schloßstraße 1, 14059 Berlin
Tel. 32 69 58–0

Schinkelmuseum (Friedrichswerdersche Kirche)
Werderscher Markt, 10117 Berlin
Tel. 208 13 23

Stiftung Stadtmuseum Berlin
Poststraße 13–14, 10178 Berlin
Tel. 240 02–0
Die Städtischen Museen haben montags geschlossen,
Öffnungszeiten Dienstag bis Sonntag: 10 bis 18 Uhr

Märkisches Museum
Am Köllnischen Park 5, 10179 Berlin
Tel. 308 66–0,
Kasse: Tel. 308 66–249

Museum Ephraim-Palais
Poststraße 16, 10178 Berlin
Tel. 240 02–121

Museum Knoblauch-Haus
Poststraße 23, 10178 Berlin
Tel. 240 02–171

Museum Nikolaikirche
Nikolaikirchplatz, 10178 Berlin
Tel. 24002–182

GEDENKSTÄTTEN

Forschungs- und Gedenkstätte Normannenstraße
(ehemaliges Ministerium für Staatssicherheit)
Ruschestraße 103, Haus 1, 10365 Berlin
Tel. 553 68 54

Gedenkstätte Deutscher Widerstand
Stauffenbergstraße 13/14, 10785 Berlin
Tel. 26 99 50–00

Gedenkstätte Plötzensee
Hüttigpfad, 13627 Berlin
Tel. 344 32 26

Stiftung Topographie des Terrors
Niederkirchnerstraße 8, 10963 Berlin
Ausstellungsbüro Tel. 254 86–703

SCHLÖSSER

Sanssouci (Besucherinformation)
Besucherzentrum an der Historischen Mühle
An der Orangerie
Postfach 601462
14414 Potsdam
Tel. (0331) 96 94–200 oder –201

Schloss Charlottenburg
Luisenplatz 1, 14059 Berlin
Tel. 320 91 – 1

Stiftung Preußische Schlösser und Gärten Berlin-Brandenburg
siehe Museen

THEATER- und KONZERTKASSEN (Auswahl)

Hekticket, Last-Minute-Service für Kurzentschlossene
Hardenbergstraße 29 D, 10623 Berlin
Tel. 230 99 30
(Nahe der Route für den 2. Tag, Nachmittag.)
Karl-Liebknecht-Straße 12, 10178 Berlin
Tel. 24 31 24 31
(Nahe der Route für den 1. Tag, Nachmittag.)

Berliner Theater- und Konzertkassen
Im Nikolaiviertel, Spreeufer 6
Tel. 241 46 35
(Gelegen an der Route für den 1. Tag, Vormittag.)
Im Kaufhof am Alexanderplatz, 4. Etage
Tel. 2474 33 27
(Gelegen an der Route für den 1. Tag, Nachmittag.)

Ars scribendi
Theaterkasse Potsdamer Platz Arkaden
Alte Potsdamer Straße 7, 10785 Berlin
Tel. 25 29 69 87
(Gelegen an der Route für den 2. Tag, Vormittag.)

Box Office Theaterkassen GmbH
Nollendorfplatz 7, 10777 Berlin
Tel. 215 54 63
(Gelegen an der Route für den 2. Tag, Ende des Vormittags.)

ARTicket
Kurfürstendamm 16, 10719 Berlin
Tel. 88 72 66 20
(Nahe der Route für den 2. Tag, Nachmittag)

KoKa 36
Oranienstraße 29, 10999 Berlin
Tel. 615 88 18 oder 615 89 18
(Gelegen an der Route für den 3. Tag, Vormittag.)

Register der Sehenswürdigkeiten

Personenregister

Bons bitte beim Einlösen abstempeln lassen!

Ob auf Spree oder Havel, ob in der City oder durch idyllische
Landschaften – es gibt viel zu sehen bei einer Schiffstour auf den
Gewässern in und um Berlin.

**Gegen Vorlage dieses Bons erhalten Sie
einen Extra-Bonus von DM 3,00 als Preisnachlass
auf alle Linienfahrten.**

Stern und Kreisschiffahrt GmbH
Puschkinallee 15
12435 Berlin
Tel. 53 63 60–0
www.STERNundKREIS.de

Stiftung „Neue Synagoge Berlin - Centrum Judaicum"

"בית הכנסת החדש ברלין - צנטרום יודאיקום"

**Gegen Vorlage dieses Bons erhalten Sie
zwei Eintrittskarten zum Preis von einer.**

Stiftung „Neue Synagoge Berlin – Centrum Judaicum"
Oranienburger Straße 28/30
10117 Berlin
Tel. 88 02 83 46

St▲TtReiSEnBerlin

Fast alles für alle, die Berlin einmal anders erleben wollen.

**Gegen Vorlage dieses Bons erhalten Sie
3,00 DM Ermäßigung für die Teilnahme an einer
Stadtführung Ihrer Wahl.**

StattReisen Berlin e. V.
Malplaquetstraße 5
13347 Berlin
Tel. 455 30 28

STIFTUNG STADTMUSEUM BERLIN

Gegen Vorlage dieses Bons erhalten Sie
einen Katalog Grabmalskunst zum Preis von 5,00 DM
(Nicolaikirche)
und eine Postkartensammlung „Berliner Typen um 1900" gratis
(Märkisches Museum).

Museum Nicolaikirche	**Märkisches Museum**
Stiftung Stadtmuseum	**Stiftung Stadtmuseum**
Nicolaikirchplatz	Am Köllnischen Park 5
10178 Berlin	10179 Berlin
Tel. 24 00 21 82	Tel. 308 66 –0

Renaissance Theater BERLIN

Mitten in Charlottenburg
finden Sie das einzige
Art-Déco-Theater Europas.
Erstklassige Schauspieler
zeigen hier Erfolgsstücke aus
London, New York, Paris...

Gegen Vorlage dieses Bons erhalten Sie 10 % Rabatt,
gültig von So bis Do,
Premieren und Sonderveranstaltungen sind ausgenommen.

Renaissance-Theater Berlin
Knesebeckstraße 100
10623 Berlin
Tel. 315 97 30
Kasse 312 42 02

Das Chamäleon Varieté –
Berlins einzigartige
Institution des
varietistisch-skurrilen
Entertainments.

**Gegen Vorlage dieses Bons erhalten Sie
ein Bauchladen-Überraschungsgeschenk.**

Chamäleon Varieté Berlin
Rosenthaler Str. 40/41 • 10178 Berlin-Mitte
U8 – Weinmeisterstraße • S – Hackescher Markt
Kartenvorbestellung: 030–282 71 18
Mo – Sa   Einlaß: 19.30 Uhr • Beginn: 20.30 Uhr
So   Einlaß: 18.00 Uhr • Beginn: 19.00 Uhr
Fr, Sa   Mitternachtsshow

**Bei Vorlage dieses Bons erhalten Sie
ein Glas Sekt.**

GOA
Gastronomie GmbH
Oranienburger Straße 50
10117 Berlin
Tel. 28 59 84 54